シリーズ「遺跡を学ぶ」070

縄紋文化のはじまり

上黒岩岩陰遺跡

小林謙一

新泉社

縄文文化のはじまり
―上黒岩岩陰遺跡―

小林謙一

【目次】

装　幀　新谷雅宣
本文図版　中原利絵

第1章　縄紋時代のはじまりを追う

1　縄紋時代の考古学

一万三〇〇〇年以上の長きにわたって日本列島に独特な文化をきずき、現在のわたしたちの暮らしの大きな礎ともなった縄紋時代。その特色はさまざまに語られているけれども、縄紋時代をそれ以前の時代と区別する鍵は、土器と弓矢の出現、定住生活（住居の定型化）の開始、さらに精神活動の成熟（石偶《せきぐう》・土偶《どぐう》や装飾品の発生）に求められるだろう。

そして、それらのことは縄紋時代以前の氷河期との関係や道具の変化、さらには縄紋人はどこから来たのか（縄紋時代人と旧石器時代人との関係）といった問題にひろがる。

これからみていく上黒岩岩陰《かみくろいわいわかげ》遺跡（図1）は、こうした縄紋時代のはじまりを考察するうえで重要な遺跡である。同時にその発掘調査は、日本考古学が、神話とは異なる物質文化（「モノ」の文化）から先史時代の歴史を明らかにする学問として確立する場のひとつでもあった。

◀図1●上黒岩岩陰遺跡の発掘風景
久万川の対岸からのぞむ。山から張りだした岩塊の向かって右側が岩陰。
（第4次調査時、1969年8月）

上黒岩遺跡

2　上黒岩岩陰遺跡の発見

山あいの岩

愛媛県西部にそびえる四国一の高峰、古くから修験道の霊場として知られる石鎚山《いしづちやま》（標高一九八二メートル）。その西南麓を源とする面河《おもご》川に久万《くま》川が合流する地点から久万川を約二キロほどさかのぼると、川が大きく湾曲する部分の山稜北東側に、岩塊が大きく張りだしている。地元では「上黒岩」とよばれ、往時よりランドマークとなっていたと思われる（図2・3）。その山あいの岩陰に、縄紋時代のはじまりの謎を握る遺跡が眠っていた。

所在地は愛媛県上浮穴《かみうけな》郡久万高原《くまこうげん》町上黒岩（発見当時は美川《みかわ》村）。松山平野から三坂《みさか》峠（標高七二〇メートル）を越え、四国で唯一のスキー場がある久万高原の先の標高四五〇メートルほどの渓谷山中である。渓谷をつくる久万川は南の高知県側に流れ、仁淀《によど》川と合流し土佐湾に注いでいる。

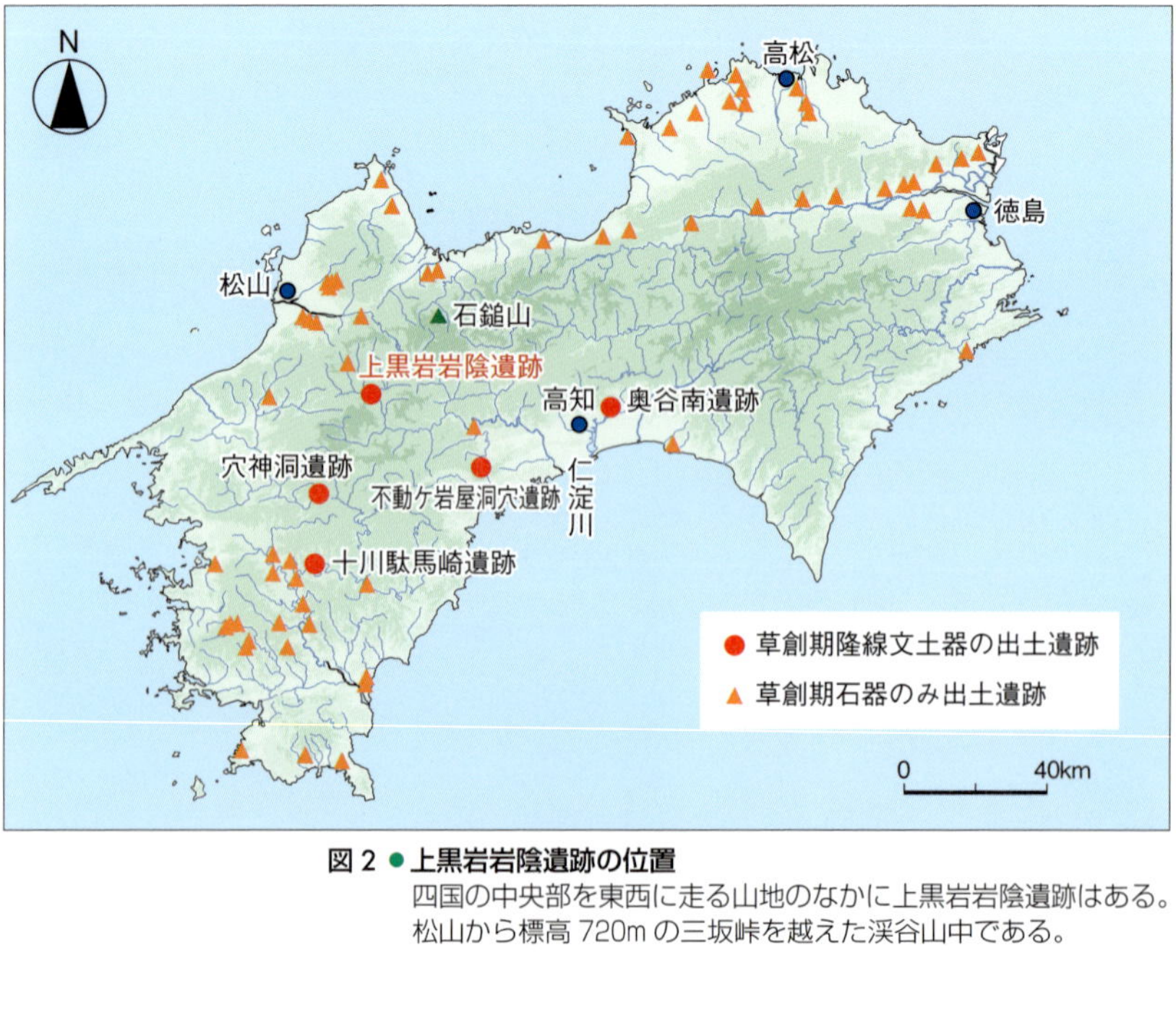

図2 ● 上黒岩岩陰遺跡の位置
四国の中央部を東西に走る山地のなかに上黒岩岩陰遺跡はある。
松山から標高 720m の三坂峠を越えた渓谷山中である。

図 3 ● 上黒岩岩陰遺跡の場所
久万川に大きく張りだした岩塊は地元では「上黒岩」とよばれ、往事よりランドマークとなっていたと思われる。（上の写真は久万川対岸の北西より撮影。矢印の位置が岩陰。1969 年秋）

中学生の発見

一九六一年五月下旬のことである。この岩陰の土地所有者で隣に住んでいた農家の竹口渉《たけぐちわたる》さんが、農具置き場としていた岩陰部分を水田にしようと整地していると、三〇センチほど掘り下げたところで貝殻（淡水に棲む巻貝のカワニナ）が大量に出土した。

帰宅してきた中学一年生だった長男の義照《よしてる》さんは、それはちょうど学校の授業で習った貝塚ではないかと考えた。そして六月二日に、貝殻と一緒に出てきた土器片を美川《みかわ》中央中学校（現・美川中学校）社会科の森岡俊一《もりおかしゅんいち》教諭にみせた。これが遺跡発見の端緒であった。

森岡教諭は、これは縄紋土器にちがいないと思い美川村教育委員会に連絡した。そして土器片は教育委員会から愛媛県教育委員会へ届けられ、六月四日には西田栄《にしださかえ》さん（当時、愛媛大学助教授）が現地におもむき、貝殻とともに人骨の下顎部と押型文《おしがたもん》土器片が出土していることを確認した。村の教育委員会は土地所有者の竹口さんや久万警察署長らと相談し、「立ち入りおよび発掘禁止」の立札をたて、稲の収穫が終わる一〇月に調査をおこなうことにしたのである。

3　発掘調査の歴史

岩陰のかたち

岩陰は、久万川が大きく湾曲する部分に、山から大きく張りだしてきた岩塊が日よけをつくるように傾いた部分にあたっている。山から張りだしてくる岩がかぶさってくるような景観の

図４●第２次調査時の上黒岩岩陰
写真中央、岩陰と平行に細長く第１トレンチを入れ、それに直行して、写真左側の岩陰に向かう２本のトレンチを掘っている。

ため、川からみて岩の右手は開けてはいるものの、山の斜面で岩陰内からの展望はよくない。発見当初は土壌が堆積して藪のようになった荒れ地であったという。

この岩陰は川側に向けてやや開け、山側は奥まっている。雨だれラインとよばれる日陰になる位置の内側、岩の陰になっている空間は、最大で奥行一三メートル、奥壁部の幅で三・五メートル、手前の開いたほうの幅で六メートル程度の広いとはいえない空間である（図4・7）。

土器片と人骨が出土

第一次調査は一九六一年の一〇月一五日から一七日におこなわれた。調査には地元美川中央中学校の生徒たちが参加し、愛媛新聞も大きくとり上げ、地元の全面的な協力のもとにおこなわれた。

まず厚く堆積していた土をはぎとっていった。堆積する土の質や堆積物の種類のちがいから層の

図5 ●第1次調査
3層まで調査し押型文土器片と成人女性の人骨がみつかった。写真は人骨が出土しはじめたところ。人骨は散乱しておらず、埋葬されていた。

ちがい、つまり堆積した時代のちがいをとらえ、層位として1層から番号をふっていく。3層まで調査し、縄文時代の前期にあたる轟《とどろき》式土器と早期にあたる押型文土器片および装身具などが出土し成人女性の人骨もみつかった（図5）。

西田さんは、神戸大学で開催されていた日本人類学会・日本民族学会連合大会に出席していた江《え》坂輝彌《さかてるや》さん（当時・慶應義塾大学助教授）に葉書で「押型文土器に伴う人骨が発見された」と知らせていたので、江坂さんは東京大学理学部人類学教室の渡辺直径《わたなべなおつね》さんとともに一六日に急遽、上黒岩におもむいた。

遺跡を実見し、その重要性に驚いた江坂さんは、帰京するとすぐに学界に働きかけ、日本考古学協会に日本洞穴遺跡特別調査委員会を設置し、本格的な調査をおこなうことを決めた。当時、列島各地で縄文時代の古い段階の土器発見が続いていた。なかでも洞窟や岩陰は堆積状況がよく、編年順序の決定や石灰岩質の土壌による人骨や自然遺物の残存などから注目されていたのである。

図6●線刻礫（石偶）の最初の発見
第2次調査でD区9層からの出土状況。スケールの左にあるのが図30右上の石偶。（1962年7月）

岩陰に掘られたトレンチ

こうして翌一九六二年の七月二一日から三〇日に第二次調査がおこなわれた。この二次調査から日本洞穴遺跡特別調査委員会協力のもとでの調査となった。

まず岩陰から一〜二メートル右手に、東南—西北方向で、長さ一五メートル、幅一メートルの第1トレンチとよばれる溝状の試掘溝《しくつ》が掘られ、岩陰奥部から三メートルの区画で、A〜E五つの調査区に区分された（図7）。そして第1トレンチに直行する方向に、第2〜4の四つのトレンチが掘られた。さらに、第2トレンチと第4トレンチの間はD1〜D4区に細かく分割され、どこから遺物が出土するかを細かく追えるようにした。また、深堀区が設定され、部分的に深さ二メートル近くまで掘り下げ、岩陰内の土の堆積を観察できるようにした。

こうして第二次調査では、4層で押型文土器、6層で無文土器《むもん》と石鏃、そして9層で縄紋時代草創《そうそう》期に特徴的な遺物である隆線文《りゅうせんもん》土器や有茎尖頭器《ゆうけいせんとうき》が出土したのである。

また、この調査時に9層から線刻礫《せんこくれき》がみつかった（図6）。上黒岩岩陰遺跡を一躍有名にした石偶（図29・30参照）の最初の発見である。発見したのは発掘調査への参加がはじめてであった天羽利夫《あまばとしお》さん。掘っていると、子どものころに川面に投げて遊んだ小さな平べったい川原石が出てくることに気づき、何かあるのではないかと、目にするたびに軍手で両面をぬぐっていたという。そして調査の終わりごろになって、細い線が刻み込まれている石をみつけた。線刻は女性像らしいということになり、「石に刻まれたビーナス」と全国に報道された。発掘は一段と賑わい、それから続いて六個発見された、と天羽さんの手記にある。

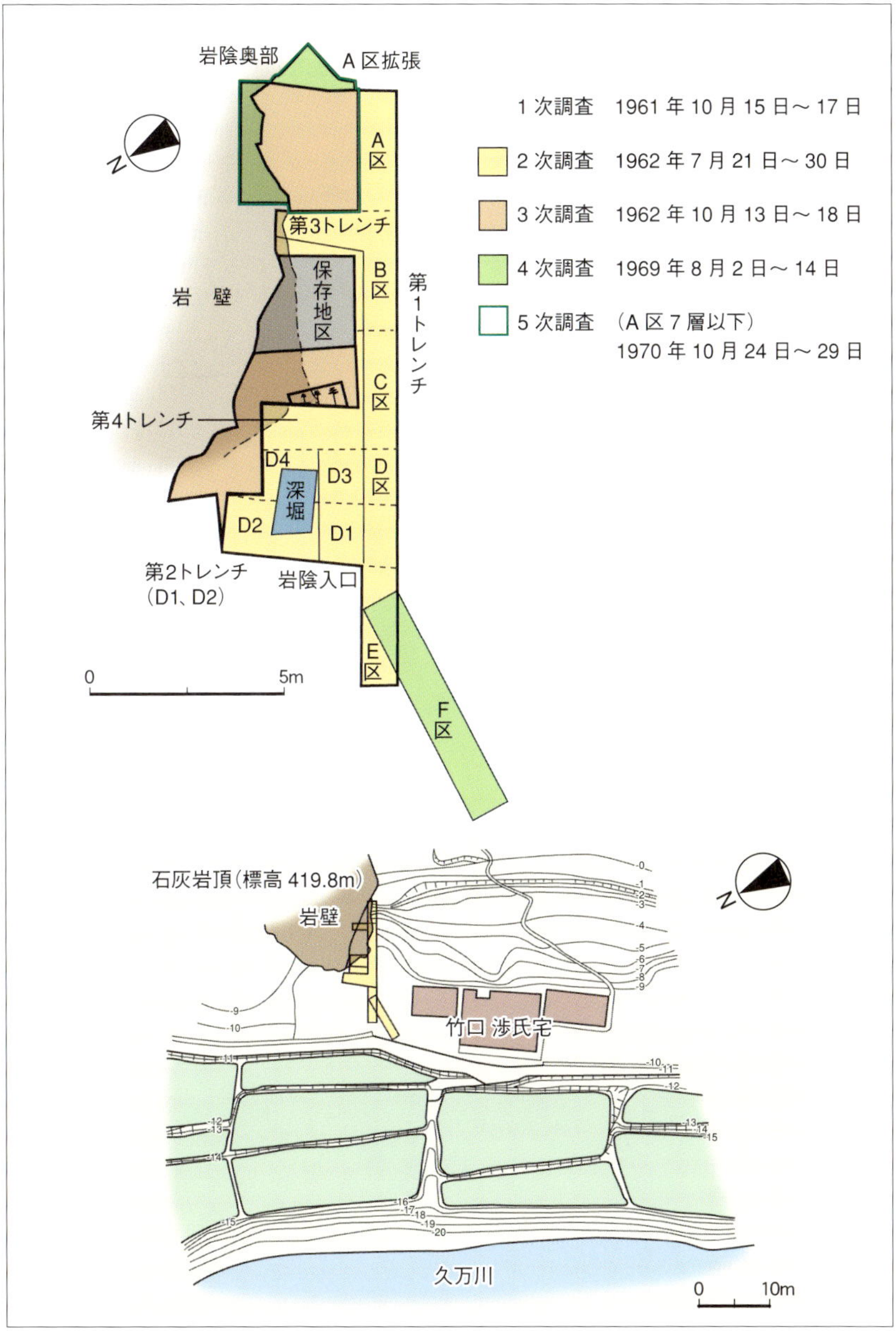

図 7 ● 調査区
保存地区は現在でも発掘せずに堆積層が保存されている。保存部上面は、
現在の久万川水面より 10m 高い位置になる。

充実していく出土遺物

同年秋、一〇月一三日から一八日に第三次調査がおこなわれた。岩陰最奥部のA区は六層まで調査され、押型文土器をともなう人骨が多数みつかった。また岩陰中央部のC区・C区拡張部（D区・C区北東部）では9層まで調査された。

さらに一九六九年の八月二日から一四日におこなわれた第四次調査では、人骨が多数みつかっているA区・A拡張区（A区東南部）およびB区と、岩陰から外に出ている岩陰前面のF区が調査された。

この調査では、A拡張区で骨器が突き刺さった人の腰骨（図40参照）が発見され注目された。また岩陰内に堆積した土層を調査しているなかで、4層下からは多量のカワニナが出土した。当時は自然に生息したものか、縄紋人が食料とした残滓かは重要視されなかったが、調査に参加していた慶應義塾大学生の岡本孝之《おかもとたかゆき》さん（当時）は、将来の調査の必要性を考え、袋に詰めて慶應義塾大学に持ち帰っている。

また第四次調査の終わりには、東京国立文化財研究所の岩崎友吉《いわさきともきち》博士と樋口清治《ひぐちせいじ》技官を招請し、アクリル樹脂を岩陰中央奥側のB区北西壁断面に浸透させ、一部包含層の保存処置をおこなっている。

第四次調査までの成果は、日本洞穴遺跡特別調査委員会編の『日本の洞穴遺跡』などに報告された。その後、一九七〇年の一〇月二四日から二九日に第五次調査がおこなわれているが、この調査については報告されていない。

図８●第４次調査時の上黒岩岩陰遺跡
平板を立てて測量しているのが慶應義塾大学生だったころの岡本孝之さん、
鈴木道之助さん。手前には渡辺誠さんらがいる。

4　明らかになった生活の痕跡

遺物が堆積している層

　こうして五次にわたる調査により、上黒岩岩陰遺跡の1層から14層までの層位が確認された（図9・10）。このうち縄文時代のはじまりのころの生活の痕跡がのこされていたのは、4層、6層、そして9層であった。後述する再検討の成果を含め整理すると、つぎのようになる。

　現地での保存部分の観察や残された図面記録などをとおして、5層は6層と同一の内容物に多くの安山岩片・岩盤片が含まれていること、7・8層は9層と類似した内容物に安山岩片・岩盤片が混入していることが確認されている。

　また、出土した土器片の整理からも、5・6層および7～9層は同一個体の可能性を含むものが出土している。9層に一片の押型紋土器が混在するほか若干の上部層からの落ち込みもあるが、5・6層はほとんど無文土器、7～9層はほとんど隆線文

図9 ● 第4次調査時の保存区を北西からのぞむ
移植シャベルを置いてある部分が9層。線刻礫（石偶）が出土したので、写真を撮っている。

土器でまとまり、同一の時期に帰属することがわかった。

堆積の要因を推理する

このことは地質からもいえる。近年の橋《はし》本《もと》真紀夫《まきお》さん、矢作健二《やはぎけんじ》さんによる周辺地質調査によると、上黒岩岩陰遺跡の背後の尾根地形は石灰岩と泥質片岩《でいしつへんがん》の風化の速度のちがいにより形成されたもので、おそらく氷期から存在していたと考えられる。

氷期が終了し、温暖化の開始により降水量が増加し、豪雨が発生すると、泥質片岩からなる斜面はしばしば崩壊を起こしたことが想像される。すなわち、崩れやすい泥質片岩の部分は崩落し、硬い石灰岩部はのこった（図11）。

そして、岩陰背後の斜面上方に露出する石灰岩体および泥質片岩体の風化により生

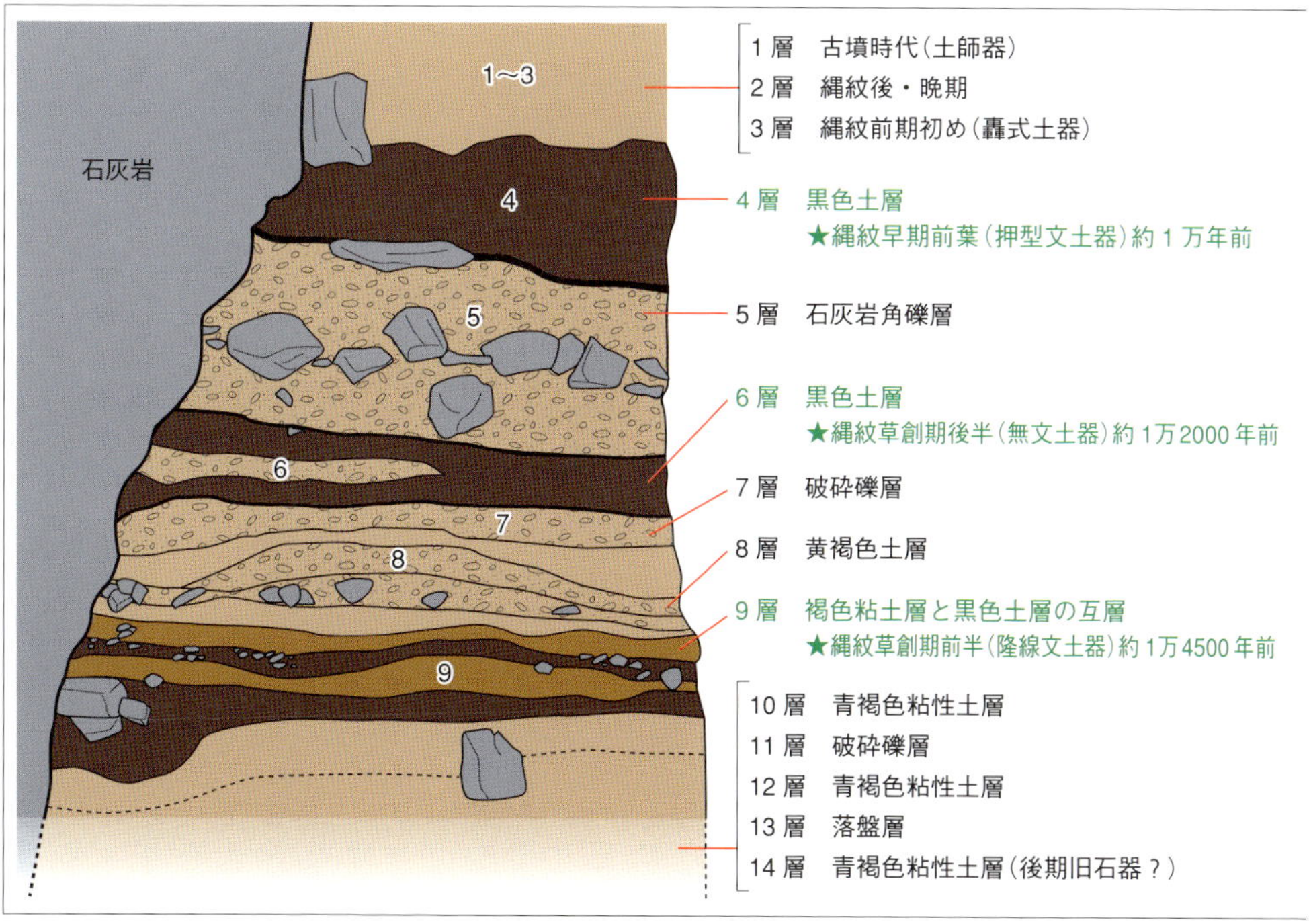

図 10 ● 上黒岩岩陰遺跡の層位
第３次調査時のＣ区断面図。４層の上面にはカワニナの集中層があった。

産された岩屑が、時間の経過とともに増えることで斜面が不安定となり、多量の降雨などを契機として土石流になったと推定される。これらの岩塊を含む土砂が、上黒岩岩陰にも流れ込んだ。これが7・8層および5層の大型の礫を主体とする層の由来と考えられる。

このことは、土器や石器の出土状況をみると、7・8層に9層と基本的に同一の遺物が少量含まれているのみであることとも整合する。すなわち、土石流が包含層を撹拌しながら急激に堆積したのである。

こうした検討の結果、遺物の含まれている層、すなわち縄紋人たちの生活の痕跡がのこされているのは、4層、6層、9層と考えられる。出土した土器片を整理すると、9層を中心とする隆線文土器片が約一五〇点、6層を中心とする無文土器片が二四〇点、4層を中心とする押型文土器片が四五〇点である。

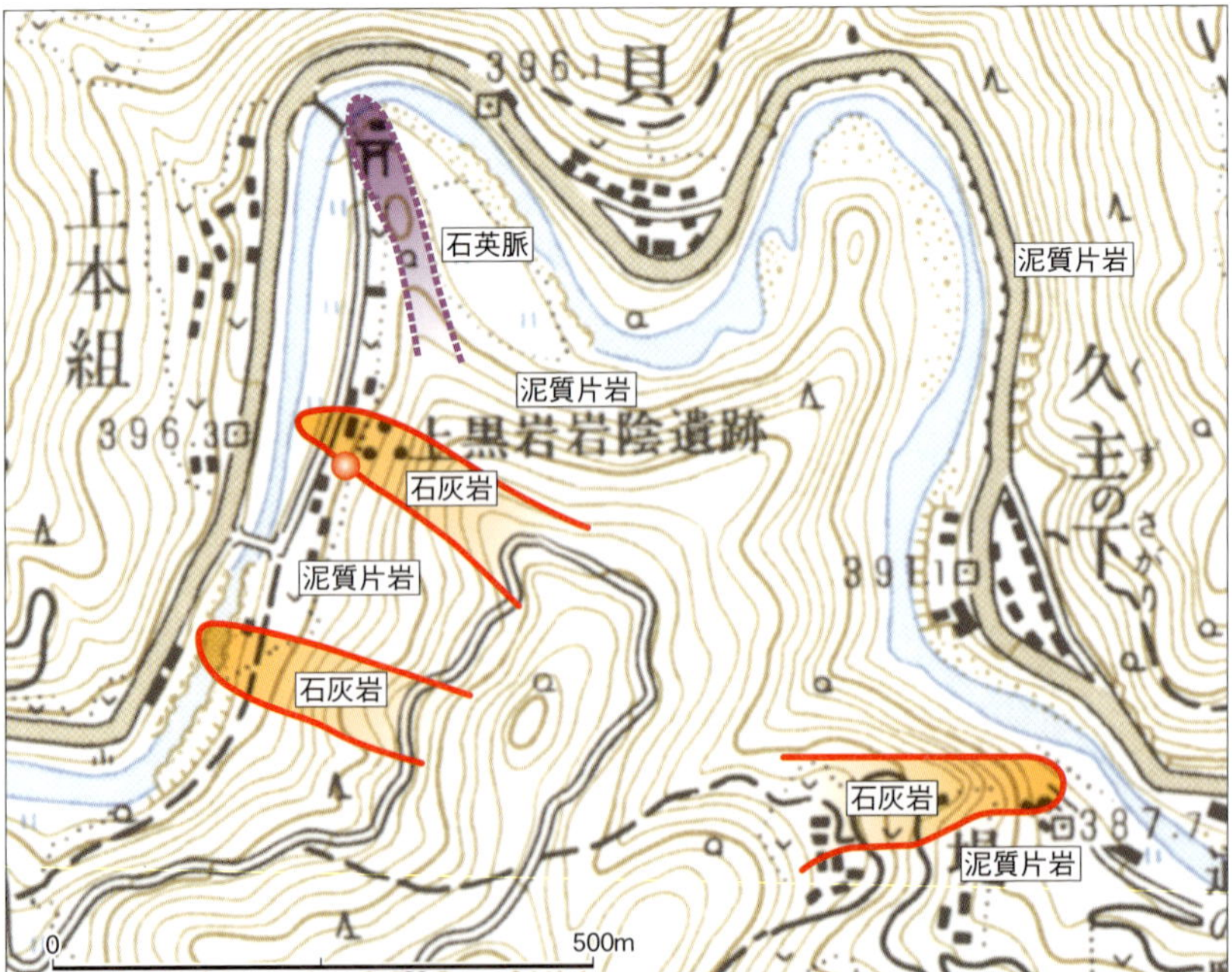

図11 ● 上黒岩岩陰周辺の岩石分布
崩れやすい泥質片岩を主とした山地のなかで、上黒岩岩陰のある地点（赤丸印）は硬い石灰岩の岩体が張りだしたところにあたる。

最下層をめぐって

なお、残されている調査日誌（第二次調査の七月三〇日）によると、D区深堀部の14層とされる最下層から、石器の剝片《はくへん》が出土していることが記録されている。『日本の洞穴遺跡』でも、「鎌木義昌《かまきよしあき》氏の発掘したD二区におけるピットでは、最下部の青褐色粘土層から安山岩の横剝フレークが二片出土しており、この層に旧石器時代の文化層の存在が考えられる」と報告されている。

この二片のフレークが調査日誌に記録された剝片と思われるが、残念ながら現在、遺物は確認できない。しかし、これとは別にB区11層から出土した剝片二点は、綿貫俊一《わたぬきしゅんいち》さんにより、旧石器時代に帰属する可能性が指摘されている。いずれにしても旧石器時代の確実な存在はまだ確定できていない。

また、A区については4層で早期人骨群が検出されたことなどもあり、部分的な掘り下げにとどまり、層位的な連続の確認ができなかったため、最下層は8—C層とされている。しかし、日誌などにみられる調査担当者の所見、土層注記、セクション図などによる図面整理の結果、この8—C層はB区ほかの9層上部に同一である可能性が高いと考えられる。

以上のことから上黒岩岩陰遺跡は、確定した層としては縄紋時代草創期にさかのぼる遺跡であることが明らかになったが、旧石器時代にも使用されていた可能性もある。

第2章　歴史を手にする実感

1　上黒岩岩陰遺跡との出会い

学史上の遺跡

上黒岩岩陰遺跡が調査される前年に生まれたわたしは、発掘時に考古学界に与えた衝撃をもちろん知らない。考古学を志してからしばらくは、上黒岩岩陰遺跡を学史上の遺跡として知っているだけで、在学する慶應義塾大学に資料があることも、江坂先生の講義ではじめて知った。学部生のときはほとんど大学に行かずに、東京都港区の伊皿子《いさらご》貝塚や神奈川県綾瀬《あやせ》市の早川《はやかわ》天神森《てんじんもり》遺跡、横浜市の受地《うけち》だいやま遺跡などの発掘調査と整理作業に専念していた。江坂先生の講義もかなりさぼり、学期末に発掘現場から作業着姿のままで試験を受けにいった。上黒岩岩陰遺跡の所在地の設問で、勘違いして誤答を書いていたところ、試験監督をしていた江坂先生がなにげなく誤答部分を指し示してくれたことが懐かしい。

そうしたわたしが上黒岩岩陰遺跡の資料にまともに対面するようになったのは、当時関わっていた遺跡で縄紋時代草創期の土器片を発見してからだった。

隆線文土器の誘い

わたしは大学院修士課程修了後、神奈川県藤沢市にある慶應義塾大学湘南藤沢《しょうなんふじさわ》キャンパス（通称SFC）敷地の埋蔵文化財調査室に勤め、一九八九年一月、SFC内遺跡（図12）のI区とよんでいた台地上で、縄紋時代の調査に追われていた。

縄紋時代中期の集落の遺構調査が終わりに近づき、予想される旧石器時代の調査地点を選定するため、縄紋時代の遺構をジョレンでならす作業をおこなっていた。すると、黒土から旧石器時代の遺物が眠る赤土へと移り変わる層から緑色の閃緑岩《せんりょくがん》の縄紋草創期に特徴的な横長剥片《よこながはくへん》がみつかった。隣の調査区ではすでに試掘時に、やはり草創期の有茎尖頭器がみつかっていたことから、がぜん縄紋時代草創期の

図12 ● **慶應義塾大学湘南藤沢キャンパス内遺跡（SFC内遺跡）の遠景**
神奈川県東部の丘陵にある。26万m^2にのぼる広大なキャンパス用地のうち13万m^2を全面的に調査し、旧石器・縄紋・弥生・江戸時代の生活の跡が数多く発見された。

文化層の広がりがあることが考えられた。

　そこで部分的に調査区を設定し、この漸移層の精査を試みた。雪が降りだしそうな寒い日だった。そろそろ休憩かというときに、作業員さんから「赤土から土器が出た」とよばれ、行ってみるとなにもない。ちょっとの間に竹串ごと埋もれてしまったという。

　昼休みを徹して周囲の土壌をフルイながらさがすと、思いのほか堅いしっかりした質感でやや黒ずんでいる、土にまみれた波状の粘土紐が貼り付けられている土器片がみつかった。まぎれもない縄紋時代草創期の隆線文土器の口縁部《こうえんぶ》破片である（図13）。

　そのときから隆線文土器とのつきあいがはじまった。なお、このとき最初に草創期の石の剥片をみつけたのは、その後に上黒岩岩陰遺跡の整理を一緒におこなうことになる大野《おおの》尚子《しょうこ》さんであった。

　SFC内遺跡からは、その後も隆線文土器をともなう住居状遺構や遺物集中などがみつかっ

図 13 ● SFC 内遺跡出土の隆線文土器
細くこねてつくりだした粘土紐を土器の器面に貼りつけ（隆線）、その上から指でつまみ、波状の飾りをつけたのが隆線文である。

た。調査室室長は上黒岩岩陰遺跡の調査にも参加していた岡本孝之さんで、上黒岩岩陰遺跡の話を聞きながらの調査だった。

前後して、同僚だった桜井準也《さくらいじゅんや》さんが藤沢市の望月芳《もつづきかおる》さんと調査した南鍛冶山《みなみかじやま》遺跡のほか、SFC内遺跡近くの柄沢《からさわ》遺跡などで草創期遺跡が多く調査されており、上流の大和《やまと》市とあわせ、神奈川県境《さかい》川流域が草創期遺跡群の密集地であり、研究の機会に恵まれていた（図14）。さらに相模原《さがみはら》市の勝坂《かつさか》遺跡の草創期住居状遺構、横浜市の花見山《はなみやま》遺跡などの調査や整理をリアルタイムで見学し、東京都町田《まちだ》市のなすな原遺跡の草創期土器の再整理にも関わるなどの機会をえて、若いわたしは興奮していた。

そして、SFC内遺跡の調査成果を整理していた約一年間、机の横に草創期土器が入った箱を積み上げ、毎日のように眺めていたわ

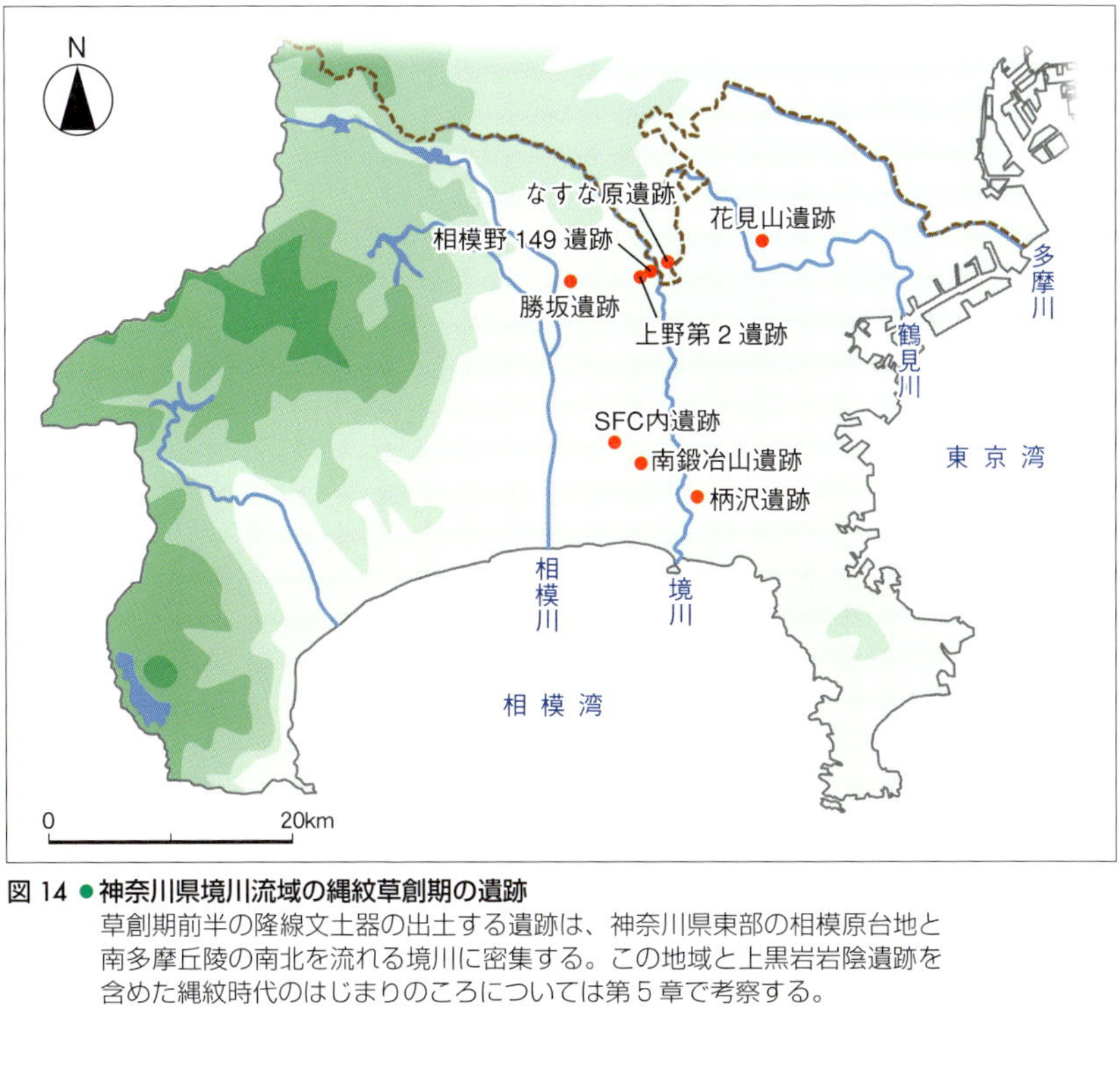

図14 ● 神奈川県境川流域の縄紋草創期の遺跡
草創期前半の隆線文土器の出土する遺跡は、神奈川県東部の相模原台地と南多摩丘陵の南北を流れる境川に密集する。この地域と上黒岩岩陰遺跡を含めた縄紋時代のはじまりのころについては第5章で考察する。

たしは、草創期土器の研究を自分なりにおこなうため、江坂先生に上黒岩岩陰遺跡の土器の見学をお願いしたのだった。

隆線文土器を手にした感動

上黒岩岩陰遺跡の資料をじっくり見るのは初めてだった（図15）。地区別、層位別に収納されたままの箱の山に興奮し、土器をつぎつぎと広げていった。

箱の数は一五〇箱以上もあった。整った形の有茎尖頭器などの石器もすばらしかったが、やはり隆線文土器が一、二片と姿をあらわすごとに思わず声を発した。新しい時期の無文土器や押型文土器が橙色《だいだい》や黄色味を帯びているのに対し、隆線文土器片は黒っぽく、やや柔らかいが胎土《たいど》は締まった感じの破片で、手ざわりもちがっていた（図16）。

そのままの勢いで土器の資料化をさせてほしいとお願いしたところ、江坂先生から即座に許可をいただき、つぎの日から通うことにして、とりあえず慶應義塾大学所蔵の草創期土器の資料化をおこなうことにした。こうして地道に資料化を続け、江坂先生と連名で「上黒岩岩陰遺跡出土の草創期土器」を発表したのが、資料化をはじめて三年ほどたった一九九四年であった。

図 15 ● 慶應義塾大学収蔵の上黒岩岩陰遺跡の遺物
調査の年次・発掘区・層位ごとに出土物が棚にきちんと収納されていた。

自分なりに関わるまでは、立体的な装飾をもった縄紋時代中期の勝坂式土器などと異なり、縄紋草創期の土器は文様が少なくおもしろみのない土器だと思っていた。また当時、草創期土器の編年研究は、一部の若手研究者の間で言葉尻をとらえるような激しい論争がおこなわれていたこともあり、敬遠する気持ちもあった。

しかしながら、SFC内遺跡でみずから掘り出した土器が、数十年前に掘り出されて慶應義塾大学に眠っていた土器とつながったとき、歴史を手にしている実感を得ることができた。

このときの感動は強く心に残り、その後赴任した国立歴史民俗博物館（以下、歴博と略）でも上黒岩岩陰遺跡の資料が所蔵されているのを知って、あらためて上黒岩岩陰遺跡との縁を実感したのである。

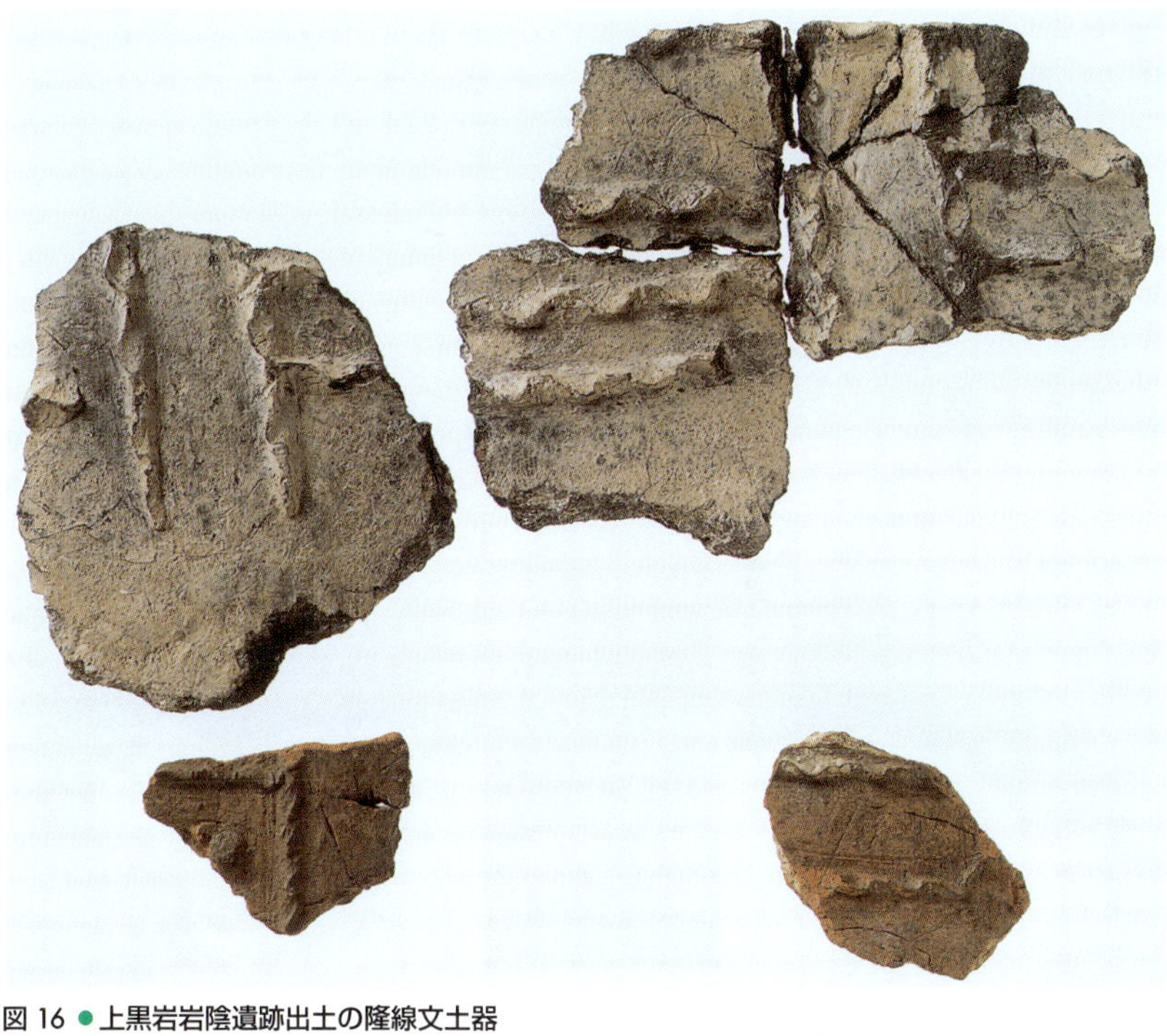

図16 ● 上黒岩岩陰遺跡出土の隆線文土器
上の2片は口縁上部の破片。下の2片は口縁下部の破片。横位の隆線文とともに縦方向の隆線や豆粒状の短い貼りつけもみられる。

2　報告書を出そう

上黒岩岩陰遺跡でつながる人びと

歴博には当初、併設されていた総合研究大学院大学博士課程で学ぶ目的で通っていた。そこで博士論文の指導をいただいた春成秀爾《はるなりひでじ》教授が線刻礫に興味をもっており、一対一でその講義を受けた。わたしが慶應義塾大学で上黒岩岩陰遺跡の隆線文土器を整理したことを話すと、綿貫俊一さんが石器を、兵頭勲《ひょうどういさお》さんが押型文土器を整理していたことを教わり、これらを集めて整理し、報告書としてまとめられないかということになった。

こうして、西日本の早期土器研究者の遠部慎《おんべしん》さんらにも連絡をとり、二〇〇四年度から歴博での共同研究「愛媛県上黒岩遺跡の研究」を立ち上げた（歴博では「上黒岩遺跡」と表記）。江坂先生は健康上の理由から直接の参加は見合わせ、代わりに慶應義塾大学の阿部祥人《あべよしと》教授、佐藤孝雄《さとうたかお》助教授（当時）らの協力を得ることとなった。

二〇〇四年三月には、春成教授や綿貫さん、遠部さん、兵頭さんらと美川村にうかがった。村長、教育長らが熱意をもって迎えてくれ、村長らが若き日に発掘を手伝ったこと、報告書の刊行が村の念願だったことなどをお聞きした。

その後も、調査に参加した岡本孝之さんや故鈴木道之助《すずきみちのすけ》さんの奥様らにご教示をいただき、手紙など間接的ながらも岡本健児《おかもとけんじ》さんをはじめ調査参加者の方々からも励ましの言葉をいただきながら、上黒岩岩陰遺跡出土遺物の整理報告書の作成がはじまった。

共同研究の進展

歴博での共同研究は、二〇〇四年から二〇〇六年までは春成秀爾研究代表の「愛媛県上黒岩遺跡の研究」、二〇〇七年から二〇〇九年までは筆者が研究代表の「東アジアにおける先史時代定住化過程の研究」を基盤とし、そのほか年代測定については科学研究費補助金での「AMS炭素14年代測定を利用した東日本縄紋時代前半期の実年代の研究」など、いくつかの研究をあわせて総合的におこなった。

もちろん上黒岩岩陰遺跡が、縄紋時代草創期・早期の文化を復元するうえで第一級の資料であることは学界では広く知られていたが、その全貌は整理されずに長く残されたままだった。

そのため出土遺物や過去における調査資料の再整理をおこない、その成果を総合的な学術研究書として作成することを目的としたのである。

図17●共同研究での調査
上：岩陰内の測量調査。下：岩陰の前を流れる久万川の河原での石質調査。手前右は橋本真紀夫さん、左は矢作健二さん。

歴博では、美川村（現・久万高原町）上黒岩考古館、竹口渉氏所蔵資料、愛媛県歴史文化博物館所蔵西田栄資料、慶應義塾大学民族学考古学研究室所蔵資料、歴博所蔵資料について年度ごとに借用し、実測作業、写真撮影などを、土器は筆者のほか遠部さん、兵頭さんらが、石器については綿貫さん、石偶など装身具は春成教授、骨角製品は佐藤孝雄さん、動物骨は西本豊《にしもととよ》弘《ひろ》さん、姉崎智子《あねざきともこ》さんらが分担し整理した。

また、人骨については九州大学の中橋孝博《なかはしたかひろ》さん、岡崎健治《おかざきけんじ》さんらが、上黒岩考古館および新潟大学医学部所蔵資料について調査をおこなった。自然科学的分析では、年代測定に歴博の坂《さか》本稔《もとみのる》さん、今村峯雄《いまむらみねお》さん、レプリカ法において丑野毅《うしのつよし》さん（東京大学総合博物館から現在・東京国際大学）、赤色顔料について本田光子《ほんだみつこ》さん、志賀智史《しがさとし》さんらの協力を得た。環境の自然科学的分析として（株）パリノサーヴェイの橋本真紀夫さん、矢作健二さんらに参加いただいた。

当時の発掘参加者はほとんど加わっていなかったが、客観的な分析能力をもち、熱意をもった研究者がそろい共同研究は進められていったのである。

3　気になる第二岩陰

上黒岩岩陰から久万川をさかのぼった川の蛇行点の谷奥、山の中腹まで登ったところに第二岩陰遺跡がある（図18）。現在、谷部の麓には林道がめぐっており、そこから谷間の尾根筋をかき分けて登れば岩陰が見える。

岩陰部は南向きに張りだして開口し、その前庭部に二〇メートル程度の長さに幅五メートルほどの平坦地がある。その南は急斜面で落ち込み、約一〇〇メートル下の久万川をはるか下に望む。岩陰の上は庇《ひさし》状に石灰岩が張りだし、根元がくぼんだ形状で、三、四人程度が雨露をしのぐ程度の広さである。以前はこの場所に芋壺を埋めて冬越しをしたともいわれている。

一九六二年一〇月に試掘調査がおこなわれており、地表下一五センチの黒土層から縄紋時代早期の押型文土器片や剝片石器、凹石《くぼみいし》、カワニナなどが発見されているが、遺物の数は少数である。遺物は現在、慶應義塾大学文学部の旧江坂研究室に保管されている。

いまでも雨だれラインの内側に十分な堆積が残り、面積は小さいながらも縄紋早期の包含層の遺存が期待でき、遺存状態は良好と思われる。二つの岩陰の関係も興味深い。

図18 ● 上黒岩第2岩陰
上黒岩岩陰にくらべると明らかに小さく、数人以上での長期にわたる居住は考えにくい。上黒岩岩陰への道筋の中継点か狩猟用の拠点として一時的に利用したものと考えられる。

第3章　草創期の上黒岩岩陰

1　土器の登場

9層出土の土器と編年

9層出土の隆線文土器（図19）は約一五〇片。そのうちある程度の大きさをもつ破片は八六片、文様などから明確に個体識別できる破片群は九個体分である。単一の破片で明らかに別個体の口縁部片五個体分を加えると、最低個体数として一四個体分になる。さらに、胴部破片で別個体の可能性がある破片が九片あげられる。

考古学では物質文化で歴史を復元していくことになるが、先史時代では「〇〇年」という暦年代はわからない。そのため歴史の目盛りになるのは、物の変化を整理した「型式」変化の順番である。

縄紋時代には、列島各地で装飾性豊かな土器が多量に出土し、それらが時期や地域によって異なった特徴をもつため、土器の文様、形、焼成や粘土への混ぜものなどによる特徴によって土器型式をくくることができる。そして、型式間の時間的順番や地域ごとのちがいを縦横の関係で配列して「土器型式編年」、つまり相対的な年代を確定していく。

とくに草創期前半の隆線文土器の時期は、日本列島全域に一気に土器が広がり、大きくは隆線文という共通性をもちながらも、地域的に特徴が分かれはじめる段階である。そのため各土器型式のちがいから、沖縄を除き日本列島全体に広がる隆線文土器の時間的な位置づけや、土器の類似線や変化の順序から地域間の交流について迫

図19 ● 上黒岩岩陰遺跡出土の隆線文土器復元模型
隆線文土器は底部が丸く、口縁が外に開く砲弾形をしている。
図16上段（同図20の左上）の土器片から復元された。

ることもできるようになる。なお、こうした型式のちがいの発生は、直接的には人間の移動や細かな環境に対する適応のちがいなどが複雑に絡み合っているものと予想される。

上黒岩式土器の設定

さて、土器型式の視点で上黒岩岩陰遺跡出土の隆線文土器を観察すると(図20)、きわめて特徴的な内容をもっていることがわかる。それは、口縁部から貼りつけられている粘土紐での隆線の文様が縦方向や斜めにモチーフ

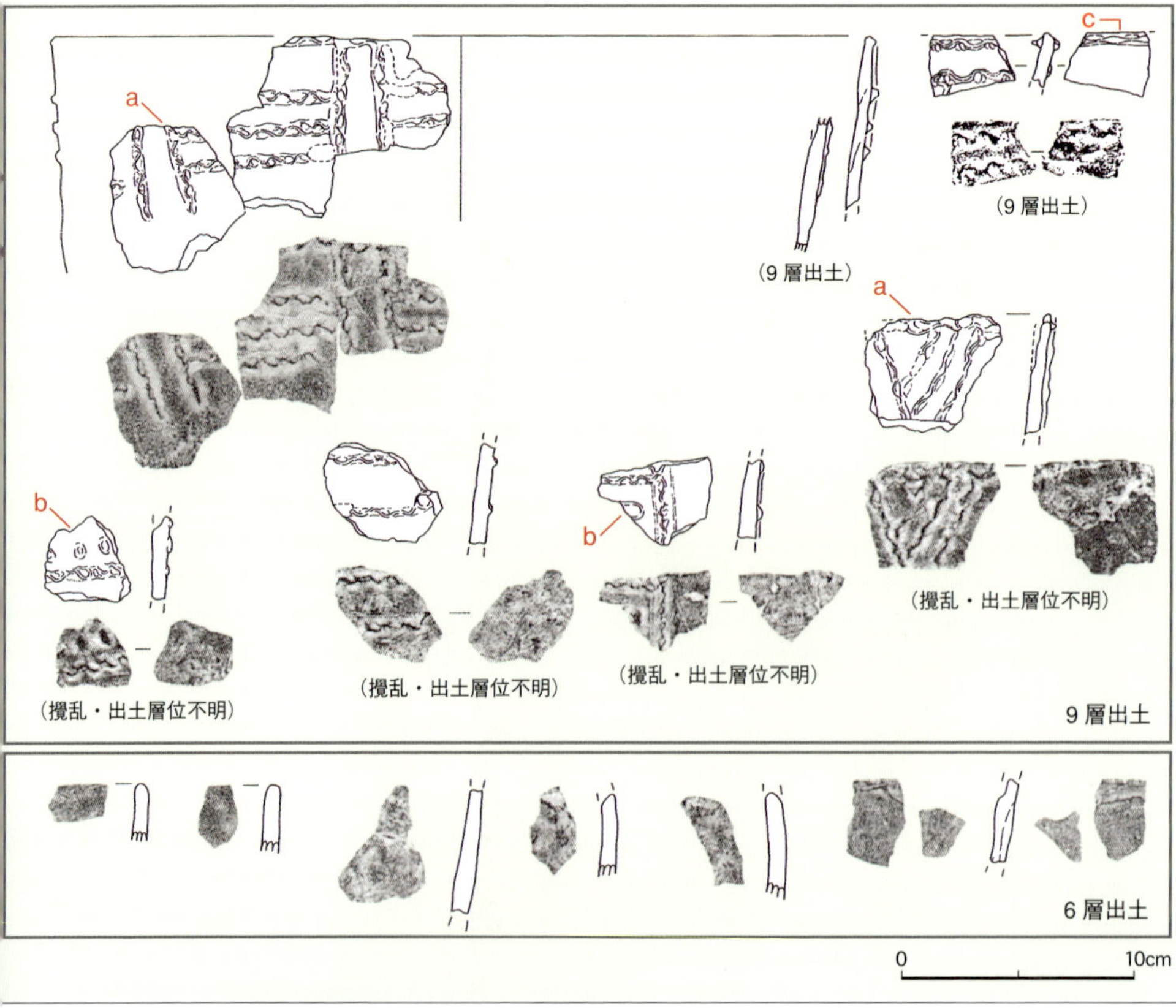

図20 ● 上黒岩岩陰遺跡の9層および6層出土土器
9層からは隆線文土器、6層からは無文土器が出土している。それぞれ特徴的で、とくに9層出土の隆線文土器は一つの土器型式としてまとめることができる。以前は9層の土器が上黒岩Ⅰ式、6層の土器が上黒岩Ⅱ式とよばれたこともあったが、詳細は不明であった。

をつくっていること、他遺跡の土器にはめずらしい口唇内側にも隆線が貼りつけられていること、短い隆線やコブ状の突起の貼りつけ、などである。

それは細かくみると、以下の特徴によって一つの型式としてまとめることができる。

・横走隆線と三角形、斜位隆線による文様帯（図20―a）
・短隆線、隆線端部を文様帯内に配する（図20―b）
・口唇上端内面の隆線貼りつけ（図20―c）
・胎土の茎状植物繊維痕（図23）
・隆線上部を軽くつまみ、波状に加飾（図20上段の隆線すべて）
・平丸底状の底部に上げ底状に隆線をめぐらす（図21）
・器面がやや乾いた状態で隆線を貼りつけるため隆線がはがれた跡が残る例が多い

以上の特徴を有する上黒岩9層出土土器は、時期的に短く一括性の高い土器群と考え「上黒岩式」と設定できる。

上黒岩式土器の年代は

この上黒岩式土器は編年上どう位置づけられるであろうか。

隆線の形状や加飾方法に注目すると、細い隆線による波状加飾をもった複数条の隆線横走による文様帯構成になっており、

図21 ● 9層出土の底部土器片
丸底の底部に、隆線状に粘土紐が貼りつけられている。座りがよいように工夫したのであろう。

Ｉａ期
口唇より下位に単条の隆線が横走。隆線上に押圧。爪形や短隆線もみられる。
SFC 内Ⅱ区住居状遺構出土。

Ｉｂ期
太い隆線が１～数条横走。隆線上に押圧。
SFC 内Ｖ区出土。

Ⅱ期
細隆線が複数条横走。３本または３段の構成。
口唇および隆線上に波状のひねり。
SFC 内Ｉ区出土。

Ⅲ期
微隆線が多条に横走。隆線上は弱い波状を加飾。
SFC 内Ⅲ区出土。

図 22 ● **隆線文土器の編年**
SFC 内遺跡は地点ごとに異なった時期の隆線文土器が出土していて、南西関東地方の隆線文土器の編年の示標となった。

関東地方の境川流域における編年（図22）で、三期に時期区分したうちの真中の時期であるⅡ期に相当する。それは神奈川県横浜市の花見山2式、大和市の上野《かみの》2遺跡、藤沢市のSFC内遺跡Ⅰ区、東京都町田市のなすな原遺跡の土器と対応可能である。また北九州地方の福井洞窟《ふくいどうくつ》例にも対比されるであろう。

一方、上黒岩9層出土土器には、図22の編年の最初の時期にあたるⅠ期に相当する資料はみあたらない。四国ではその様相は不明である（北部九州では泉福寺《せんぷくじ》洞穴下層部分が対応する）。また、最後の時期にあたるⅢ期に相当する資料も、上黒岩9層出土土器にはみあたらない（四国では穴神《あながみどう》洞遺跡で対応する可能性をもつ土器が出土している。北部九州では福井洞窟のやや隆線の細いタイプが対応する可能性があるが詳細は不明である。南九州地方の掃除山《そうじやま》遺跡のやや太い隆線が対応する可能性がある）。

なお、6層の無文土器（図20参照）は草創期後半の土器だが、爪形紋《つめがたもん》土器（宮崎県の椎屋形《しいやかた》第1遺跡などで出土）や南九州の隆帯文《りゅうたいもん》土器（鹿児島県西表《にしのおもて》市の三角山《さんかくやま》Ⅰ遺跡、鬼ケ野《おにがの》遺跡などで出土）、およびその流れをくむ太平洋側の土器群（静岡県沼津市の葛原沢《くずはらざわ》Ⅳ遺跡などで出土）に対応する可能性があるが、具体的な根拠をあげるまでにいたっていない。今後、資料の増加をもって検討すべき課題である。

レプリカ圧痕法と上黒岩9層出土土器

丑野さんは、土器の表面に残る痕跡に樹脂を流し込み型どりしてレプリカを作成し、電子顕微鏡などで観察することで、土器胎土中の植物遺体や昆虫などの遺体を確認し、先史時代の環境復元に大きな成果をあげてきた。近年では同様の方法を用いた山崎純男《やまざきすみお》さんや小畑弘己《おばたひろき》さん、中山誠二《なかやませいじ》さんなどの手により、縄紋時代のコメやダイズなど穀物の発見が相ついでいる。

上黒岩岩陰遺跡の土器については、以前より器面に残る痕跡が獣毛なのか、それに類した別の痕跡なのか注目されていた。そこで今回の共同研究の際に、丑野さんに土器破片四点ほどを託し、分析を試みていただいた。その結果、痕跡がはっきりととらえられた（図23）。それは獣毛のようなキューティクルのある繊維ではなく、直線的で細かな縦筋がみられ、植物の繊維であることが確認された。丑野さんによれば、大半は小型の植物に由来する痕跡であるという。葉と思われる圧痕の形状から大きく二種類に分けられ、一つは小型の単子葉植物、もう一つは羽状の表面形状をした圧痕であるという。

このように植物の種類は不明であるが、土器製作の際に粘土に植物を練り込んだことが明確となった。その目でみると、南九州の隆帯文土器や葛原沢Ⅳ遺跡の隆帯文土器、さらには韓国済州島高山里《こさんり》遺跡の無文土器の混和物に類している。隆帯文土器は約一万四〇〇〇年前から一万三五〇〇年前のもの。それに対して、高山里の土器は熱ルミネセンス法で約一万五〇〇〇年前と出ている。年代差があるが、さらに検討していくべき課題の一つである。

獣毛、植物繊維、なぜ混ぜる？

上黒岩の隆線文土器に植物繊維が混ざっていることが明らかになったが、関東地方の隆線文土器には獣毛が混和されている。シベリア地方の土器にも、クマなどの獣毛が混和されている例が報告されている。

わたしが千葉県加曽利《かそり》貝塚土器つくり同好会の人たちと共同研究でおこなっている草創期土器製作実験では、シカの獣毛を混ぜた粘土の土器ではほとんど痕跡は残らないが、イノシシの獣毛を混ぜた粘土の土器では、関東地方の実際の隆線文土器の表面に類した痕跡が残った。

草創期の土器は丸底で口縁が外に開いた器形であるが、土器づくり実験をした際の感覚では、混和物がない粘土だと乾燥中に土器がへたってしまうおそれがあり、獣毛や植物繊維を入れることで土器の形をもたせたと考えられる。混ぜることよって、思いのほか薄くて堅めのしっかりした土器をつくることができたのであろう。

土器胎土への混和は、その後の時代にもおこなわれ、早期〜

図23 ● 9層出土土器面についていた植物繊維の痕跡
上：左が出土土器片。右は樹脂で型どりしたレプリカ。
枠でかこった部分に植物の茎の圧痕がみられる。
下：電子顕微鏡でみた植物繊維の痕跡。

前期前半は「繊維土器」とよばれるように、植物繊維を混和するのが一般的になる。縄紋時代後半には製作技術が進展するのか、植物繊維の混和はなくなるが、草創期隆線文土器の段階で獣毛や植物繊維の混和が広く認められることがわかったことは成果の一つである。

2　弓矢の出現

尖頭器をめぐって

上黒岩岩陰遺跡の石器の整理では、膨大な数の出土品を綿貫さんが実測から考察まで一手に引き受けておこなった。ここでは綿貫さんの研究成果をもとに、上黒岩岩陰遺跡の石器についてみていくことにしよう。

9層からは、草創期に特有の有茎尖頭器が多量に出土している（図24）。これらは長野県の柳又《やなぎまた》遺跡の出土品を示標とする、身幅が広いわりに長さが短く、下に逆三角形の茎がつく「柳又型有茎尖頭器」と称されるものがほとんどで、ほかに大型の有茎尖頭器がわずかにある。

上黒岩岩陰遺跡出土の柳又型有茎尖頭器は長さ五センチ程度で、未成品もほぼ同様の長さ（四〜六センチ）である。

有茎尖頭器以外に、真ん中から先端にかけて押圧剝離《おうあつはくり》（鹿骨などの軟らかい工具を押しあてるようにして剝離し、整形していく手法）で尖らせて尖端とし、基部は半円形のまま残した水滴形を呈する石器がある。これら大型の不明の石器は、従来の研究では「杏仁《あんず》形尖頭器」または「木葉形尖頭器《もくようけいせんとうき》」とされたものの一部に相当すると考えられてきた。

しかし、有茎尖頭器にくらべて形にばらつきがあり、二次加工が粗雑で完成度が低いことから、未成品と綿貫さんは判断した（図25左）。調整として長軸に斜行する方向に加工する剝離を施した例や、下端部近くにわずかであるが茎部作出の意図をうかがうことのできる剝離がみられる例があるので、有茎尖頭器づくりを意図した未成品であろう。そして、未成品という観点に立つと、これまでつまびらかでなかった有茎尖頭器の製作工程を具体的にうかがい知ることができるのである。

獣の解体処理に使われた石器

一方、「杏仁形尖頭器」または「木葉形尖頭器」とされてきたもののなかには、異なるタイプの石器群がある。長さ一〇センチ前後、幅五センチ前後、厚さ二センチ〜〇・五センチの大きさで、先端が細くすぼまり、基部が幅広で、たいがい両面加工をおこなっている一群である

図24 ● 9層出土の有茎尖頭器
下側の基部に凸部がある。有舌尖頭器ともよばれる。
（上段左端：赤色珪質岩製、縦3.1cm・幅2.4cm）

（図25右）。

これらのタイプは先端の加工は粗いままの場合が多い。先端の鋭さをつくり出すより真ん中から基部にかけてていねいな細部加工による作出がうかがえる。また細かい加工の多くは器体の中央部に達するものではなく、縁から中央部方向へ五ミリ〜一センチ幅で連続的に施されている。こうした加工は有茎尖頭器や尖頭器類の製作技術と明らかに異なっている。

基部を半円形に整形したものが多く、江坂先生が「杏仁形尖頭器」とした事例のなかには基部を研磨した両刃のものも含まれており、これらは小型の石斧《せきふ》またはヘラ形石器と分類すべきであると、綿貫さんは指摘している。

今回の整理作業をつうじて、「杏仁形尖頭器」「木葉形尖頭器」とされてきた小型石斧・ヘラ形石斧は二〇点近くあり、有茎尖頭器につぐ定形的で安定した器種であることが判明している。このヘラ形石器という器種は、これまでほかの草創期の遺跡でも注意されてこなかったものである。毛皮の脂肪などをはぎとるといったなめしの用途が考えられ、狩猟した獲物の解体処理を岩陰でおこなっていたと考えられる。

図25 ● 7〜9層出土のヘラ形石器（右端）**・尖頭器未成品**（左二つ）
ヘラ形石器は、木の枝などの柄を上部にさしこみ、下部の刃を毛皮の内側にあてて脂肪をかきとったのであろう。（右端：縦9.9cm）

石鏃と弓矢の出現

石鏃《せきぞく》は、これまで上黒岩では7層からあらわれるとされていた。これは鈴木道之助さんによる、石槍→投槍→石鏃という出現順序であるとの考えに密接に関わるものであった。この場合、より下位の9層の矢柄研《やがらけん》磨器《まき》（有溝砥石《ゆうこうといし》ともよばれる）をどう考えるのかが重要な点であったが、不問にふされていた。矢柄研磨器は、二つあわせて枝状の木材や葦などの茎を、矢の軸になるようにしごいてまっすぐに整形した道具と考えられていたから、弓矢の存在を間接的に示す道具であるからである。

上黒岩岩陰遺跡では、矢柄研磨器は少なくとも三個認められている。日本列島のほかの遺跡をみていくと、上黒岩9層段階に対応する時期はすでに石鏃が出現している。共同研究において、上黒岩岩陰の遺物の再点検をおこなったところ、9層出土資料で二個の石鏃をみつけることができた（図26）。

7・8層から、多数の有茎尖頭器に混じって出土した石鏃も、本来は9層に帰属していた可能性が高い（綿貫さんによれば七点）。A区7層の二点は6層からの落ち込みである可能性が否定できないが、輝石安山《きせきあんざん》岩《がん》とサヌカイト製の残り二点はまちがいなく9層の出土である。別にC区9層から未成品、B区9層から破損した石鏃が出土している。

図 26 ● 7 ～ 9 層出土の石鏃
弓矢の先端につける。右から二つめは半分に割れたもの（A 区 9 層相当層出土、縦 3.8cm）。右端は輝石安山岩製（B 区 9 層、縦 1.8cm）。右から三つめはチャート製（B 区 8 層、縦 2.3cm）。左二つは A 区 7 層出土。

B区9層の正三角形を呈する石鏃は、共伴の有茎尖頭器先端部と類した調整がなされ、草創期前半に帰属することは確実である。矢柄研磨器の出土ともあわせ、有茎尖頭器の大きさも考えると、小型の有茎尖頭器自体も弓矢の先に用いられたものが含まれる可能性があり、少なくとも上黒岩9層にあたる隆線文土器期中葉ごろには弓矢が用いられていたと考えられる。

そうすると、上黒岩岩陰遺跡の事例にもとづいて鈴木さんが「木葉形尖頭器、有茎尖頭器、石鏃」を、「突槍→投槍→弓矢」という変遷観として示した仮説は成立しないことになる。大型の槍からやや小型化した投槍、さらに小型化した弓矢という変化が順次おこったのではなく、弓矢が縄紋時代のはじまりのころに急激に出現し普及したことを示唆している。

狩猟が、大型獣を対象とした接近戦から、シカ・イノシシなどの中型獣やウサギ、鳥類などの小型獣を対象に距離をおいて狩る、または待ち伏せなどによって狩猟するというように、狩猟対象や方法が急激に変わったことを反映していると考えられるのである。

矢柄研磨器（有溝砥石）の用途

ただし、ここで矢柄研磨器について異なった見方もできるので述べておきたい。矢柄研磨器は、石鏃とともに弓矢の存在を傍証すると同時に、山内清男《やまのうちすがお》博士の短期編年論では大陸のイサノヴォイ文化などの矢柄研磨器との対応から年代決定の根拠の一つとされるなど、学史的にも重要な遺物である。

上黒岩岩陰遺跡からも、9層からの二点を含む三点の矢柄研磨器が出土している。このうち、歴博に所蔵されているもっとも完全な形でのこっていた一点（図27）をみると、必ずしも二つ組み合わせて矢柄研磨に用いたとはいえない痕跡がのこされている。すなわち、礫の平坦面が二つをあわせるにはやや凹凸で、しかも溝内部が一様でなく、中央がへこむような擦り痕がある。このことから、二つあわせて矢柄を研磨するような使用法とは考えにくく、むしろ単独で、骨角器《こっかくき》などの先端を尖らせるために研ぐように使った可能性が考えられる。

この場合も、矢柄研磨器として使用していたものを、後に骨角器を製作する砥石に転用したとも考えられる。というのも、骨角器などを製作する砥石は、一面が平らな板状の石であれば形態はさまざまでよく、上黒岩岩陰遺跡から出土した整った形態のものでなくてもよいからである。いずれにしても使用痕などの観察を今後の検討課題としたい。

石器の石材

このほかにも綿貫さんにより、9層の時期の有茎尖頭器の石材を分析した結果、遺跡付近で採取可能な赤色珪質《けいしつ》岩《がん》とチャートが主体で、香川県産のサヌカイトが少ないことが指摘されている。上黒岩のほか、高知県佐川町の不《ふ》

図27 ● 9層出土の矢柄研磨器（有溝砥石）
溝についている縦の筋のような擦痕が中央部ほど明瞭についている。鹿角や骨の先をあて、磨って尖らせた可能性がある。（縦7.7cm、幅3.1cm）

動《どう》ケ《が》岩《いわ》屋《や》洞穴遺跡、四万十《しまんと》市の森駄馬《もりだば》遺跡などの不定形の押圧剝離技術でつくった有茎尖頭器は、この地方でサヌカイトが流通する段階以前の古い様相であって、遺跡の近くにある石材で石器をつくっているのである。

この後、サヌカイト製の大型で斜行剝離《しゃこうはくり》が発達した新しい様相をもつのは、定住の傾向が強まり、石器をつくるのに適している産地の限られたサヌカイトが流通するようになった段階、すなわち、綿貫さんによると「初源的交易・交換システム」が形成された、物々交換などが発達した早期の段階と評価される。

3 石偶にみる心

線刻された礫

第1章でもふれたように、上黒岩岩陰遺跡では、女性をかたどったと思われる線刻をほどこした小型の礫が多数出土し（図28）、ここで何らかの儀式や祈りが捧げられていたことが想像される。これらは「上黒岩女神石」「線刻礫」などさまざまな言い方がされてきたが、共同研究での再整理の際、春成さんによって「石偶」と整理された。

現在、楕円形礫素材の石偶は一三点が確認されているが、うち一点は別府大学に所蔵されていたものを以前、綿貫さんが実測していたもので、現在は所在が不明である。のこりの一二点（図29）は、三点が歴博（文化庁より移管された資料）、五点が久万高原町（上黒岩考古館展示)、四点が慶應義塾大学民族学考古学研究室の所蔵である。別府大および慶応義塾所蔵のうちの二点は従来知られていなかったもので、今回の再整理で明らかになった。

ほとんどは9層出土(一点は6層出土、二点は7層出土の記録があるが、7層はさきに述べたとおり9層と同じ土器資料が出土している層である)で、別に線刻の認められない楕円形礫も数点が岩陰内の七層から出土(慶應義塾大学保管分で四点)しており、未成品・素材の可能性が考えられる。

線刻の状態をみると、比較的細く、石器などの刃先でひっかいて刻みつけていることがわかる。長軸方向左右に振り分けて髪の毛と思われる線刻があるものが多く、いくつかには下半分に横線を引いた後に縦線を刻んだものがあり、腰蓑《こしみの》を表現しているとも考えられる(図30)。

また下半身部分には、鋸歯《きょし》状の横線が表現され

図28 ● 線刻礫(石偶)の出土状況
9層からの出土状況。中央のスケールをあてている石が線刻礫(石偶)で、左側には剥片石器、右端には骨角製品もみえる。

図 29 ● 上黒岩岩陰遺跡出土の石偶
上は表面、下は裏面。上段左から二つめ、三つめの裏面には × 印が彫りこまれている。

図30 ● 女性像をかたどったと思われる線刻
上段左と下段右には乳房が彫りこまれ、腰蓑状の表現がみられる。上段右は髪と腰蓑が、下段左は髪の表現のみで、江坂さんは男性の可能性を指摘していた。（左上：縦4.5cm）

ている例が数点ある。江坂さんは腰蓑の表現、春成さんは女性性器を表徴する陰毛の表現と指摘している。さらに、乳房と考えられる弧状の線刻が三例、背面にも腰蓑状の線刻、および二点には肛門を表現しているのではないかと指摘されるバッテン状の線刻が認められる。

また、石偶とは別になるが、線刻のある棒状礫が三点みつかっている（図31）。もっとも整った連続波状の線刻のある棒状礫および樹枝状の線刻がある一点は6層、線刻がやや弱く直線のみの一点は9層出土であり、図31の整った棒状礫は、石偶より新しいものと考えられる。

ヴィーナス像か？

春成さんによれば、線刻礫の類例は、大陸側では沿海州の早期新石器時代のルドナーヤ・プリスターニ（テテューヘ）遺跡から、直径六～九センチの小さな礫でつくった「彫刻もしくは装飾品」が出土している。しかし、いわゆるヴィーナス像の誕生といういきさつからみると、

図31 ● 6層出土の線刻のある棒状礫
全面に横走する波状の沈刻がある。
（縦25.1cm、幅6.2cm）

旧大陸における旧石器時代後期（実年代としては上黒岩の属する縄紋時代草創期を大きくさかのぼるものではない）のヴィーナス像に対応するものという（図32）。

また、上黒岩岩陰遺跡の石偶は、乳房を表現した例とそうでない例があった。前者を女性とみるのは一致しているものの、後者についてはは小児とみる説、男性とみる説がある。しかし、今回の共同研究による春成さんの整理によって、複雑な表現から単純な表現への変化が漸移的であることが確認された。また、同時期のヨーロッパやシベリアのヴィーナスのなかに女性器をあらわしながら乳房の表現を省略した例が少なくないことから、上黒岩の乳房のない石偶は、表現の簡略化が進行した結果であって、すべて女性像をかたどった石偶であると理解したのである。

また、その用途として、春成さんは子安貝と

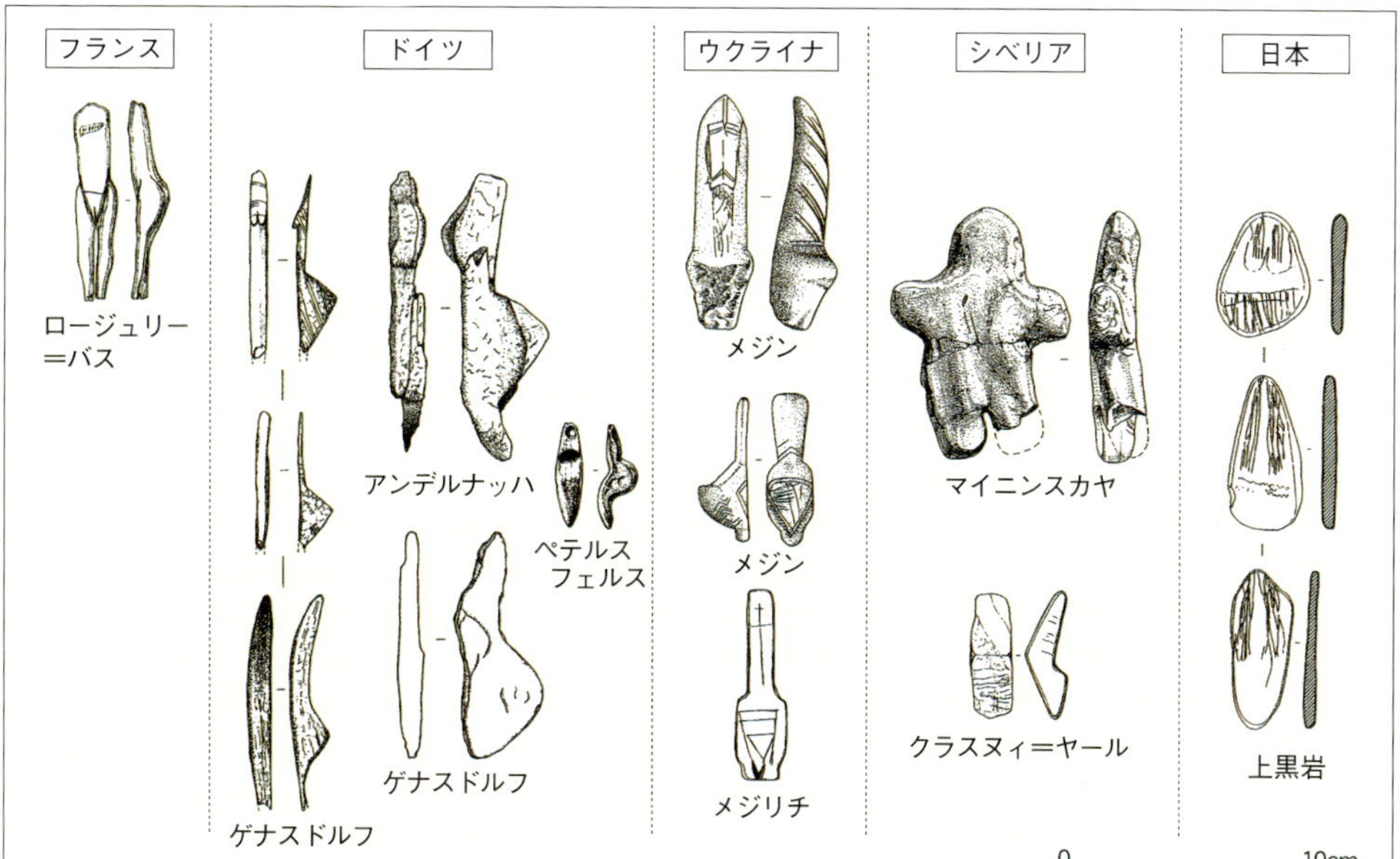

図32 ● 世界各地のヴィーナス像
右端の上黒岩岩陰遺跡の石偶以外は、ユーラシア大陸のもの。ユーラシア大陸のものは晩期旧石器時代に位置づけられているが、年代的には上黒岩例と近い。

よばれる貝製装飾品や琉球列島の近世の例を参考に、出産の際に母親が手に握って安産を祈った呪物であったと解釈する説を提出している。また上黒岩岩陰遺跡以外で石偶が発見されていない理由として、他の遺跡では骨などを用いてつくっているためにのこされず、手ごろな石の素材が豊富な上黒岩では、石でつくったためにのこされたという考えも示唆している。

安全と豊富な獲物を祈るお守り?

春成さんの海外の資料との比較を含めた緻密な分析に異をはさむ余地はないのだが、あえて一つだけ疑問点を述べておくと、9層の縄紋草創期前半の段階では、上黒岩岩陰は定住的な生活の場として使用されたと考えるには土器の量などを含め乏しいように感じられ、夏の間の狩猟用の基地などとして、狩猟グループが短期的に使用したのではないかと考えられる。

その点からいえば、狩猟グループに妊娠した女性がいるとは考えにくく、むしろどこか母村にのこしてきた妊婦の安全を祈る、またはみずからの安全と豊富な獲物を得ることを祈ったお守りではないかとも考えられる。

もっとも、次章で紹介するが、早期の人骨を分析した中橋さんらの考えでは、上黒岩縄紋早期人の人骨は女性も重い荷物をもって長距離を歩いたような骨の変形が認められるとのことであり、草創期の移動的な集団のなかに妊娠した女性がいたのかもしれない。今後もわたしなりに考えていきたい。

後世のものではない

なお、これら石偶について、現時点においても同一時期の類例が上黒岩岩陰遺跡でしか認められないことから、現代の子どもが線刻したものがまぎれ込んだというような噂も存在する。確かに素材となる礫自体は現在でも河原で比較的簡単に集めることはできる。

しかしながら、子どもが描いたとみるには線刻が整ったものが多く、一定のモチーフが認められること、今回の共同研究の結果をみても、石偶はほとんどが9層出土（一部に6〜8層出土とされる事例があるが、本来は9層出土と推察する）と整理でき、調査にかかわらない第三者がまぎれ込ませることは困難であるだけでなく、いくつかの資料は出土時に複数の調査者が出土状況を確認したり写真撮影をした記録が残されていることが確認できた。これらのことから偽遺物である可能性は否定できるであろう。

西日本では草創期の遺跡自体がまだ少なく、今後、類例の発見を期待したい。なお、旧石器時代の線刻礫としては、鹿児島県の桐木耳取《きりきみみとり》遺跡、掃除山遺跡の出土例があり、縄紋時代の新しいほうでは、前期の埼玉県水子《みずこ》貝塚出土例などが知られている。

赤色顔料の利用？

石偶の一点に赤色物が付着しているため、赤色顔料である可能性が考えられ、共同研究の直接のメンバーではなかったが、九州国立博物館の志賀さん、本田さんらに、その同定をお願いした。

その結果、鱗片状の構造をもつベンガラ粒子が確認された。ただし、志賀さん、本田さんによれば、このベンガラと同様の赤色物は自然界にも赤鉄鉱として存在するため、顔料ではなく、土壌などから二次的に付着した可能性も比定できないとしている。

そのため、あくまで可能性としてであるが、上黒岩岩陰の縄紋草創期において、ベンガラなどの赤色顔料が利用されていたことが考えられる。宮崎県の草創期隆帯文土器にはベンガラの付着が確認されており、利用されていた可能性は十分にあるだろう。

なお、はっきりとした分析はおこなえていないが、早期の磨石《すりいし》および凹石にも赤色顔料らしい赤色物の付着が観察されている（図33）。凹石と磨石でベンガラなどをすりつぶしたのではないか。直接遺物に残る彩色の痕跡は確認されていないが、たとえば土器などに彩色する赤色顔料としていた可能性がある。

こうした分析のほかにも、自然科学的な分析としては、年代測定など多くの試みをおこなっている。土器胎土の分析として蛍光X線分析や、人骨の安定同位体比の分析を試みているところであり、今後とも分析を進めていく予定である。

図33 ●赤色顔料の付着した凹石
中央の凹部に赤色の粒子がのこっている。ベンガラをすりつぶしたのではないだろうか。（長軸15.3cm、短軸12.0cm）

第4章　早期の上黒岩岩陰

1　押型文土器

押型文とは

さて、4層の縄紋早期段階になると、それ以前にくらべて生活の痕跡を伝える出土物が非常に多くなる。石灰が溶解して酸性土壌が中和されていることもあって、自然遺物や人骨などがのこり、当時の暮らしを復元するうえで多くの手がかりを提供してくれる。

まず土器では、6層の草創期後半の無文土器のあと、4層を中心に、薄手で無文の土器や貝殻でひっかいた条痕《じょうこん》とよばれる跡をつけた条痕文土器、そして押型文土器が出土している。草創期の段階とは比較にならないほど多くの土器がみられる。

そのうち押型文土器が4層の出土遺物の中心である。兵頭さんによって、全部で二九〇点の土器片が報告されている（図34）。

押型文土器は、同時期に東日本に展開している撚糸紋《よりいともん》土器が撚り紐を回転させて文様をつけているのに対し、木でできた軸（鉛筆のような形を想像されたい）に米粒状や山形の沈刻を彫刻し、それを転がして文様をつけている土器である。

木軸に楕円の粒状の彫刻を施して土器器面に回転させれば、「ポジティブ」と表現される、盛り上がった米粒状の楕円文が施される。また木軸に浮き出すように楕円文を半肉彫りすれば、「ネガティブ」に凹となった楕円文が施される。

器面全体に施されていることから、文様装飾であると同時に、器面を締めて堅くするための工夫であり、同時に手にもって使用するときのすべりどめと考えられる。

押型文土器の使われていたのはいつ？

上黒岩の押型文土器は、大型楕円文を特徴とする高山寺《こうざんじ》式、山型文や楕円文を特徴とする黄《き》島《じま》式土器とよばれる、大きくは瀬戸内地方に共通したものと認められる。兵頭さんによれば、黄島式以前→黄島式→高山寺式→穂谷《ほたに》式に区分される。

瀬戸内海を中心に近畿から九州北部まで西日本に広く共通するもので、さらに中部地方から南東北へもひろがるものである。

9層や6層段階では、土器型式が一時期で、長くても数十年程度と考えられる時間幅なのに対し、4層では時期的に数型式があり、おそらくは数百年におよぶ長期にわたり岩陰がくり返し利用されていたことを示している。

この縄紋早期には、瀬戸内海が内海として形成され、島嶼には採取して食べた貝の殻が廃棄される貝塚がつくられるようになる。上黒岩岩陰遺跡の整理をおこなった後、現在は瀬戸内海の犬島《いぬしま》貝塚の調査を重ねている遠部さんによれば、押型文土器はいまから一万二〇〇〇年前から九〇〇〇年前の土器であるが、上黒岩岩陰遺跡にみられる押型文土器の黄島式は、いまから九六〇〇〜九四〇〇年前、高山寺式は九四〇〇〜九二〇〇年前ごろであるという。

あとでふれるが、４層出土のカワニナの年代測定値はいまから九〇〇〇年前、八五〇〇年前ごろとの値が得られているので、押型文土器の最後からつぎの早期中ごろの条痕文土器のころまで、長期間にわたり生活に使われていたとの見解を裏づける結果となっている。

図34 ● ４層出土の押型文土器片
上段は山形押型文、下段は楕円形押型文。

2　敲石と石鏃

敲石の出土

縄紋草創期後半にあたる6層からは、それ以前の9層にはみられなかった敲石《たたきいし》という、木の実をたたき割るのに使う石器が多くみつかっている。

縄紋早期になるころ、すなわち約一万一六〇〇年前に、隆線文土器の直後からはじまった小氷期とよばれる寒冷期が終わり、温暖化することが最近わかってきた。そうした周辺環境の変化によって、ドングリなどの堅果類やヤマイモなどの根菜類が多く自生し、それらを採取してでんぷん質を加工したことが考えられる。敲石のほか、その台石と考えられる平たい大きな礫がいくつかみつかっている。

多量の石鏃

また4層からは大量の石鏃が発掘されている（図35）。小型の哺乳類や鳥類などをさかんに狩猟したのであろう。

図35 ● 4層出土の石鏃
破損品など使用された石鏃のほか、A区埋葬人骨にともなって出土し、副葬品として用いられた例（図39参照）も認められた。（下段右端：縦2.4cm）

これら石鏃の大量の装備は、上黒岩岩陰のみでなく、草創期後半から早期にかけて、列島各地で認められる現象である。

ほかに、ナイフに柄がついた石匙《いしさじ》形とよばれるスクレイパーもみつかっている。腰から紐でぶら下げたか、柄の部分に木などでつくった柄部をとりつけたか詳細な使用方法は不明だが、皮はぎなどに用いた携帯用のナイフであることはまちがいない。狩猟の際の獲物の解体に用いたのであろう。

さらに、それまではみられなかった石錘《せきすい》という網のおもりにしたと考えられている、紐をかける打ち欠きのある礫が出土している。ただし、久万川で網をかまえるような必要があるとは考えにくく、鳥を捕るかすみ網か、または網ではなく、「もじり編み」といって植物繊維を編むための編みおもりである可能性が考えられる。編み物用のおもりであるとの考えは、近世〜近代の民俗例に類似した使用法が認められるとして渡辺誠《わたなべまこと》さんらによって主張されている。

3　縄紋犬と動物骨

埋葬されていた縄紋犬

上黒岩岩陰遺跡からは、埋葬された状態のイヌ二頭がA区4層から発見されたことが著名で、縄紋時代早期におけるイヌの家畜化を示す例として重要である（図36）。残念ながら、今回の再整理でイヌの埋葬骨は確認できず、現在行方不明である。

このほか破片骨としてのイヌは、4層で六例のほか、9層で二例、8層で一例確認された。縄紋草創期におけるイヌの利用の可能性が考えられ、今後も検討していく必要がある。

早期人の食生活

動物骨の出土は、姉崎さんの分析によると、ニホンシカがもっとも多く、ついでニホンイノシシ、カモシカ、ニホンザルが多い。ほかに、イヌやアナグマ、タヌキ、ニホンオオカミ、オオヤマネコ、ニホンカワウソ、イタチ、ツキノワグマ、ウサギ、ムササビ、ネズミ類など一八種類が確認されている。多様な動物を利用していたようである。

　上黒岩岩陰遺跡出土の動物骨の多くは、細かく割られ骨髄《こつずい》が食べられた跡がある。シカ、イノシシ、カモシカなどの中型陸生哺乳類の上腕骨《じょうわんこつ》、大腿骨《だいたいこつ》、脛骨《けいこつ》などの四肢骨の骨幹部が螺旋《らせん》状に破砕されている。これは、骨が新鮮なうちに打撃を受けると生じ

図36 ● イヌの埋葬骨の出土状況
第3次調査で、A区4層での埋葬された犬骨の出土状況。
右は小片保さん。(1962年10月)

やすい痕跡で、骨のなかにある骨髄がさかんに食用に利用されたことを示している。

上黒岩岩陰遺跡では、骨髄がほとんどとれないような指先の小骨もが細かく割られているという。あとでふれる、中橋さんらによる人骨からの推測と含め、かなり厳しい食生活が想像される。

カワニナを食べたのか

冒頭でもふれたように、上黒岩岩陰遺跡ではカワニナの貝殻（図37）が大量に出土している。

発掘調査当時から、このカワニナが食用とされたものか、自然に繁殖していたものかが議論となっていた。姉崎さんらによる再整理で、突端部が破損しているものが多いことから、食用としたのではないかとの意見も提出された。

多量に出土しているカワニナについて、その年代をさぐる目的で、共同研究では遠部さんが中心になって、層位別に炭素14年代を測定した。層ごとに包含されているカワニナは何度かの時期に岩陰が冠水した際にまとまって堆積したと考えられるもの（六層の 10000^{14}CBPと測定されたカワニナなど）と、明らかに各層の堆積年代よりも新しい時期のカワニナがあとから混入した可能性があるものとが指摘できる。

図37 ● 出土したカワニナ
カワニナは小型の巻貝で、水辺などに群棲する。食用には適さないとされている。上黒岩岩陰では4層上部に層をなして包含されていた。（左端：長さ約3.5cm）

4・6層などの各層位の堆積年代に近いカワニナが人為的に廃棄されたものか、生息していたものが遺存したのか、また各層位の新しい年代のカワニナが冠水時に下位の層位に入り込んでくるために遺存したのか、さらに岩陰内の堆積が不安定で埋没後に下位の層位に混入したのかについては、いまのところ決めがたい。

しかし、年代測定の結果、新しいカワニナが入り込んできたような状況を示すものが各層に一定量は認められ、9層、6層、4層などの生活の痕跡がある層位の時期以外の間には、岩陰付近が冠水しており、カワニナが自然繁殖していた可能性は否めない。今後も検討が必要であろう。

海水産の貝の装身具

上黒岩岩陰遺跡からは上記のカワニナ以外にも淡水産のマシジミ、イシガイ、汽水産のヤマトシジミが出土している。さらに、装身具としてのタカラガイ、イモガイ、マルツノガイのほか、食用か何らかの器具の素材かは不明であるが、海水産のハマグリ、オキシジミ、ハイガイ、ミツクイ、サルボウの貝殻も出土しており、タカラガイなどは高知県側の海岸部で採

図38 ● 4〜6層から出土した装身具
左端は6層出土の石製垂飾り（長さ6.2㎝）、下段右から三つめは6層出土の石英製丸玉、上段右端は6層出土の鹿角製髪針、ほかは4層出土の貝製品。

取された可能性が考えられる。

イモガイ・タカラガイ製の装身具（図38）は、愛媛県中津川洞《なかつかわどう》遺跡、穴神洞遺跡、高知県不動ケ岩屋洞穴遺跡でも出土しており、縄紋早期には広く使われていたと認められる。海浜部に直接採取に行ったか、交易による入手かも含め不明であるが、海産物の利用がおこなわれたことは重要である。なお、交易という点では、石器に用いている石材についてみると、ほとんどは久万川などの河川敷で採取できる石材であるが、少数ながらもサヌカイトや黒曜石が認められ、交易による入手が想定できる。

4　出土人骨からみた縄紋人

貴重な情報源

人骨については、中橋さん、岡崎さんの再検討により全容が明らかになった。

上黒岩岩陰遺跡からは縄紋早期にさかのぼる人骨が二八体も出土し（図39）、当時の人びとの生活を明らかにするうえで貴重な情報源になることが期待されている。

人骨のうちわけは男性三体、女性八体、未成人一七体。一次葬（単葬）と推定しうる遺体は、熟年女性と成人女性の合葬人骨二体、壮年女性と壮年男性の合葬人骨二体、それと熟年女性、乳児、新生児各一体の合計七体である。

そのほか熟年男性、熟年女性、幼児の合葬人骨三体の再葬と、熟年男性?、熟年女性、成人女性、幼児の部分骨がみつかっている。部分骨は再葬の可能性のほか散乱骨であった可能性があげられている。

早期の縄紋人の風貌と過酷な生活

人骨に残るさまざまな特徴も興味深い。中橋さんによれば、上黒岩人骨は、丸いが横長の低顔、鼻が高いなど彫りの深い立体的な顔立ちで、身長（平均）は男性一五八・四センチ、女性一四七・三センチと低い。前腕や脛が相対的に長く、上肢より下肢の発達が目立つ四肢をもつという。総じて、典型的な縄紋人の特徴といえるだろう。

また、全死亡者の六割以上が幼い時期に死亡していて、子どもの高い死亡率があげられる。成人骨でも背骨が酷使され傷んで、背骨が曲がった人骨もあることから、重い荷物を持って長い距離を移動する生活が推測される。

図39 ● 4層の人骨出土状況
第1次調査時にみつかった縄紋早期の人骨（1961年10月）。脊椎のところに石鏃、脚部の下に貝製品が副葬されている。（矢印のところ）

四肢骨はたくましく、小柄ながらよく発達した筋肉を示し、とくに下肢が酷使されていたようで、大腿骨が特異な形状を示し、それが女性でとくに顕著であると指摘されている。

また、歯は歯冠がほとんどすり減り、歯根が露出するほどである。歯を生活の道具の一つとして、動物の毛皮の皮なめしなどに用いていたと考えられる。そうした酷使の結果の反映かもしれないが、虫歯は比較的少なく〇・七パーセントの出現率であるという。

骨器の刺さった腰骨

また上黒岩では、骨器が突き刺さった人骨がみつかったことも有名である。

これは第４次調査時に、岩陰東端の最奥部に位置するＡ拡張区から発掘されたもので、三体合葬の再葬人骨のうち、六九〇二号と番号をつけられた右寛骨《かんこつ》（骨盤の一部）に、外側からヘラ状の骨器が突き刺さっていたものである（図40）。

創傷部に治癒の痕跡はまったく認められず、発掘当初は男性と判定されていたので、殺傷の原因として、「暗夜岩頭に立ち獲物をねらううち、腰をかがめて獲物を追う人のうしろ姿を熊などと誤認して高い岩頭から槍を投げてしまったのではなかろうか。腰の背後から腸骨を貫いて腹腔に貫いているのである」という江坂さんや人類学者の森本岩太郎《もりもとがんたろう》さん、小片丘彦《おがたおかひこ》さんによる推測があったこともあり、受傷人骨として著名になった骨である。

しかし、共同研究での中橋さんの調査により、妊娠痕のある女性人骨であることが判明した。さらに春成さんの観察により、骨器は現在の位置に突き刺す前に、それよりわずかにずれた位置にほとんど同じ方向から一度突き刺し、それを抜いた後もう一度刺していることが明らかになり、死後の痕跡であると結論づけられた。

　春成さんは、「この女性が亡くなってまもなく、遺体を右寛骨が上になるように固定した状態で二回突き刺した、おそらく実際には二回だけではなく骨まで至らない突き刺しも腹から腰付近に何回もおこなったあと最後に寛骨を貫通するまで突き刺した、と解釈するのが妥当ではある」「この女性が出産時に死亡し、そのことに対する儀礼的処置であった可能性」があるという、合理的で重要な解釈をおこなっていることが注目される。

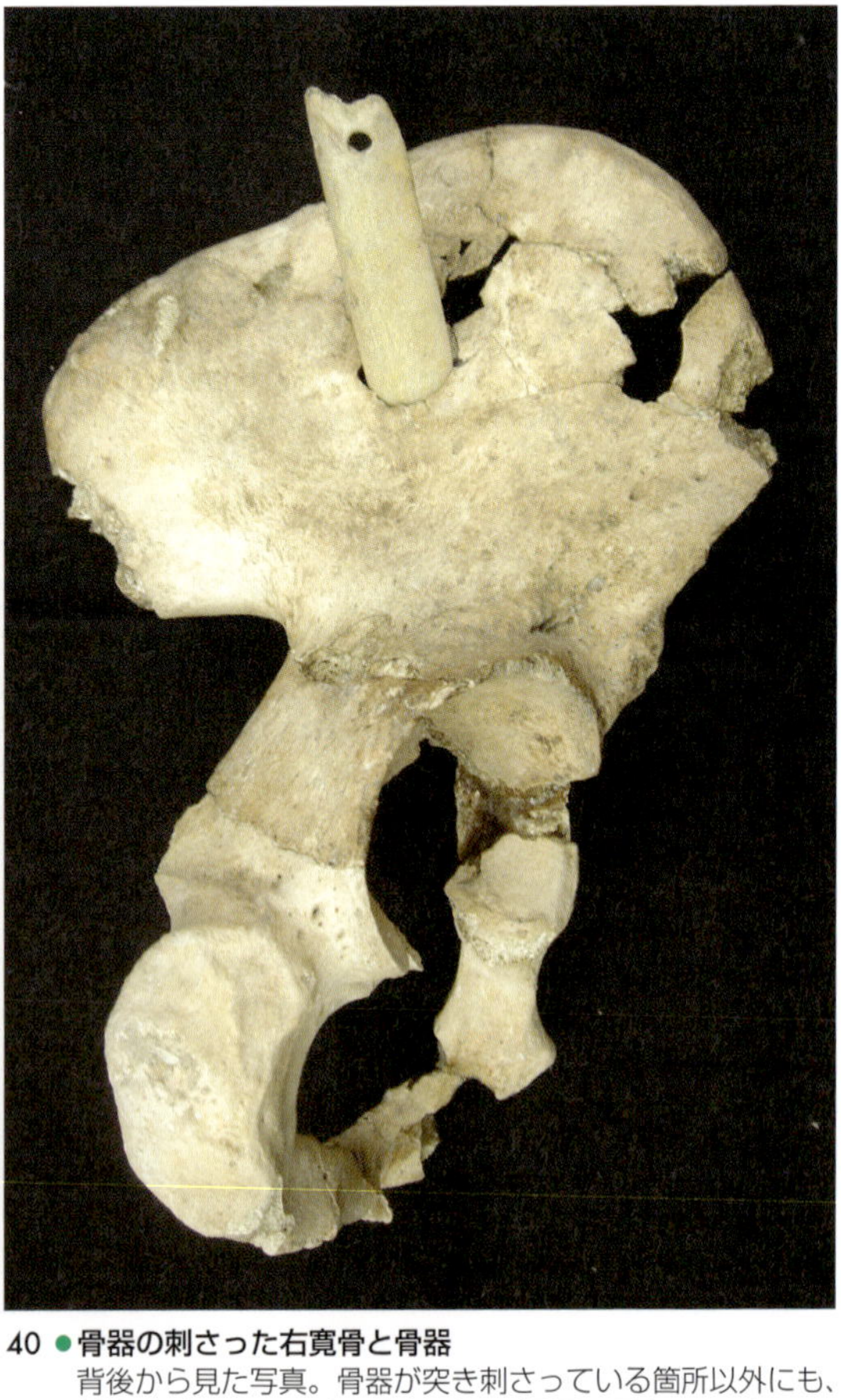

図 40 ● 骨器の刺さった右寛骨と骨器
背後から見た写真。骨器が突き刺さっている箇所以外にも、刺突痕があることが確認された。（骨器の長さ 4.6cm）

第５章　縄文文化のはじまり

1　移動と定住

移動的生活から定住的生活へ

本書冒頭で、縄紋時代のはじまりの鍵は、土器と弓矢の出現、定住生活（住居の定型化）の開始、そして精神活動の成熟（石偶・土偶や装飾品の発生）にあると述べた。前章まで上黒岩岩陰遺跡の内容をみてきたが、定住生活の開始についてはは考察してこなかった。そこで本章ではまず、縄紋時代のはじまりのころの「住まい」についてみていこう。

住居施設の構築は、コストをかけて大地を改変し、親しい人びとが寄り集まって安心して身体を休める居住施設をつくるようになったという点で、特定の地点に継続的活動拠点を固定する定住化のあらわれとみることができる。

この定住化は縄紋社会集団の安定化に大きな役割を果たしたと考えられ、土器と弓矢の出現、石偶・土偶や装身具の発達とともに、縄紋文化の形成を測る重要な文化要素にあげられる。そこで定着的な居住システムの確立過程を、居住活動の痕跡を追うことで検討していこう。

草創期は狩猟に特化したキャンプサイト

縄紋草創期に土器を保有し、その数が増加していくことは、持ち物の増加と土器製作における一定期間の滞在を強制されることになる。このため移動生活の継続は物理的に困難となり、結果的に定着的な居住システムが強化されていくことになる。

一方、環境の変化によって植物質食料の利用が増加すると土器が必要となり、同時に小型獣の狩猟、貝類の捕食などが増加することで、一カ所または小範囲の特定地域への滞在が居住システムとして採用されていくと考えられる。

このように土器保有と定住化のプロセスは相互

図 41 ● 冬の上黒岩の風景
上黒岩は山間の寒冷な土地で、この地で縄紋人が越冬するのは難しかったであろう。冬には平野部に移動したと考えられる。

に補完関係にあり、卵と鶏のような関係にあったといえる。

縄紋草創期の上黒岩岩陰は、山岳部という立地から考えても、また出土土器が同一の隆線文期に十数個体分程度と少ないのに対し、狩猟具である有茎尖頭器や尖頭器、毛皮なめしなどに用いたと考えられるヘラ形石器が多量に出土していることから、狩猟活動に特化したキャンプサイトであったと想定される。冬期は平地に居住し、春以降に山中を移動しながら数週間から一季節程度居住したと考えられるのである。

草創期後半の無文土器期も土器十個体程度に対し、石鏃のほかに植物加工用磨石と台石が多量に出土することから、基本的には草創期前半と同様の利用であったといえる。

南西関東地方の居住システム

さて、第2章でも少しふれたが、草創期前半の遺跡が集中することで知られる南西関東地方の神奈川県の相模川・境川・鶴見《つるみ》川流域には、多くの住居状遺構がみいだされている。これも単純に定住遺跡とはいえない。その典型例として、相模原台地南部の高座《こうざ》丘陵上に存在するSFC内遺跡群をとり上げてみよう。

SFC内遺跡群には地点を異にした数カ所の活動痕跡が残されている。出土する隆線文土器の細別時期が異なる遺物集中地点が四カ所以上存在し、そのなかの一地点では、明確な居住の跡が残されていた（図42）。

そこでは石器とともに、一部が赤化した礫や磨石と台石が、炉と考えられる炭化物集中の周辺に遺存していた（三つの礫を放射状に配置し中央に土器をおいた可能性がある）。そのまわりには部分的に落ち込んだ部分がドーナッツ状にみられ、さらにその外側に径六メートルの環状をなすピット列があり、住居状遺構と判断した（図43）。

これ以外の地点でも環状のピット群が認められ、住居状遺構が存在した可能性が高い。また別の地点では、大型土器片が遺存する土坑（大型のピット）が検出され、墓壙の可能性も考えられる。SFC内遺跡群周辺には、山《やま》崎《ざき》遺跡や菖蒲沢大谷《しょうぶさわおおたに》遺跡など、同様な規模の遺跡が多く分布している。

このように一定の地域のなかを狩猟活動をおこないながら移動する小規模集団（SFC内遺跡の各地点をみるか

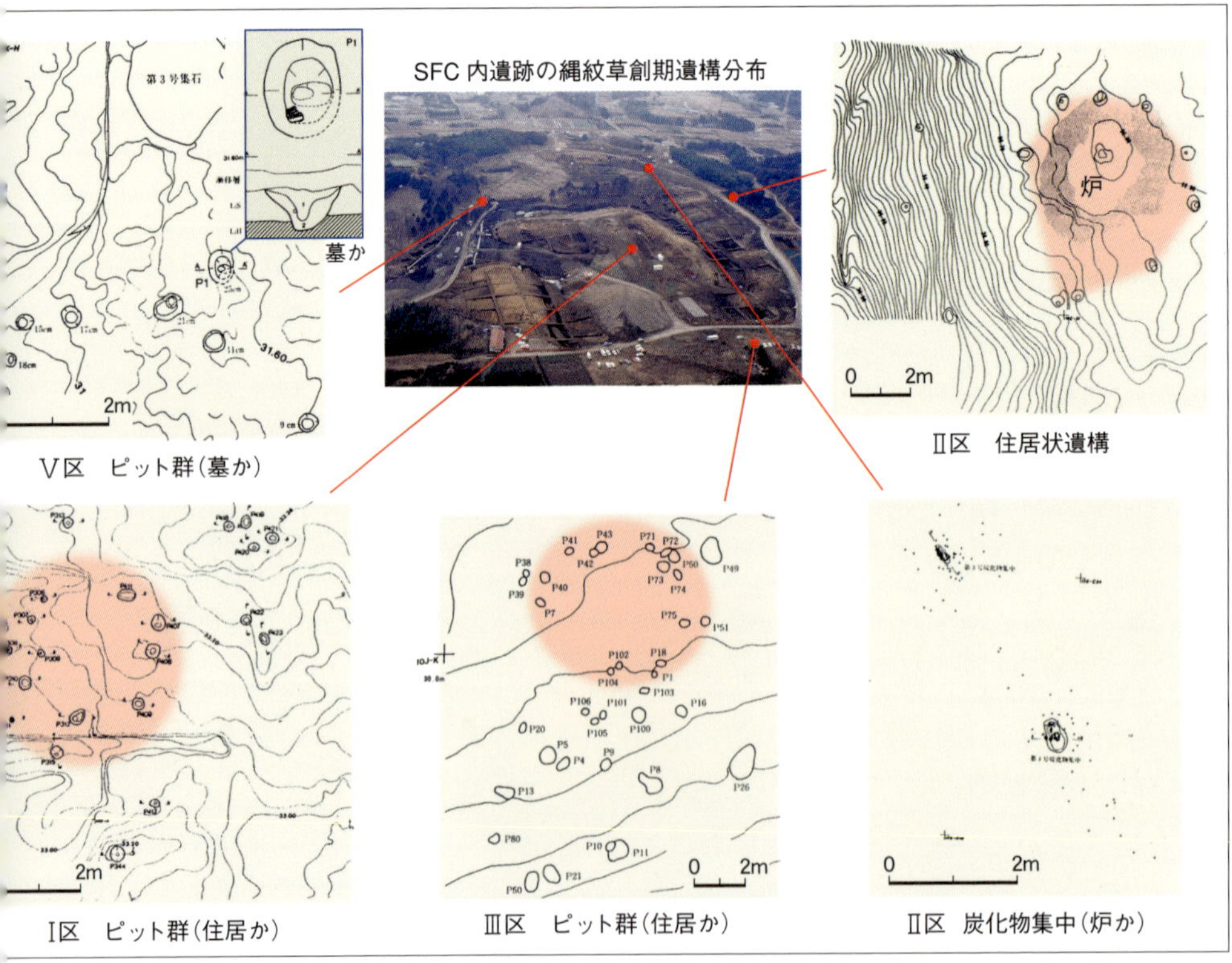

図42 ● 神奈川県・SFC内遺跡群の居住環境
居住の痕跡が数カ所からみつかっている。

ぎり一基の住居が想定され、一家族の居住である）が、一地点で一季節〜数季節程度（期間は不明）をある程度定着的に居住し、石器製作や土器の廃棄の痕跡を残していった。各地点に残されている活動痕跡は、量的にも一定（住居一基程度に一〜数個体の土器と数点〜一〇〇点程度の石器）で、内容的にも類似する（土器、有茎尖頭器、打製石斧、磨石）。

こうした居住のあり方は南西関東全域でおおよそ同様であったと考えられ、土器の地域的まとまりなどを加味して考えると、一〇キロ程度の領域（境川流域の藤沢市北部、大和市周辺や、町田市鶴見川上流部、横浜市鶴見川中流部など）が一単位であろう。南西関東地方のうち神奈川県東部〜東京都南部くらいの範囲に六〜七つ程度の小規模集団が、部分的に重なる可能性があるものの一定領域を占有的に保持、すなわち一定領域に定着していたと考えたい。

これに対して、上黒岩岩陰遺跡では、山を北に越えた松山平野や西予の穴神洞遺跡、仁淀川を下った

図43 ● SFC内遺跡群・Ⅱ区住居状遺構
北から撮影したもので、南西方向に開いて９本のピットが円形にならび、開口部は斜面を向いている。中央には炉と思われる炭化物集中があり、その周囲にはドーナツ状にへこんだ部分が認められる。

高知県の不動ケ岩屋洞穴遺跡（図44）、山中の開地遺跡である十川《とおかわ》駄《だ》馬《ば》崎《さき》遺跡、高知平野におりた奥谷《おくたに》南《みなみ》遺跡（図45）などが組となり、広範な地域を移動していた集団が考えられる（図46・2参照）。

また、洞窟遺跡が散在する長崎県の遺跡群や山形県高畠《たかはた》町の日《ひ》向《なた》洞窟遺跡群などでは別の居住システムが想定され、列島各地における定住化のはじまりは多様な過程をたどったといえよう。

図44●仁淀川を下った高知県側の不動ケ岩屋洞穴
1964年に西田栄さん、岡本健児さんらが調査し、草創期〜早期の生活痕がみいだされた。

草創期の土器・石器と居住のあり方

当時の居住のあり方は、土器や石器からも考えることができる。

土器の形を考えてみよう。草創期後半には平底《ひらぞこ》もあるが、土器出現期から縄文早期まで土器は丸底《まるそこ》が多く、さらに底が尖った尖底《せんてい》もみられる。

なぜ草創期・早期の土器の底は丸いのか？という疑問に、藤森栄一《ふじもりえいいち》さんは移動的な生活のなかで土器を背中にリュックのように背負うためという意見を提起していた。また、移動用と考えずとも、河原など凹凸のある不整地で石を組んだり、穴を掘ったりして地面に置くのに、丸底は平底より便利であるという意見もある。実際に、SFC内遺跡群などの草創期遺跡で、住居状遺構などから複数の棒状の礫がみつかり、組み合わせて支脚としたという意見が桜井準也さんから提起されている。

さらに、もともと編籠を模して土器をつくったためという小林達雄《こばやしたつお》さんによる説や、熱効率がよい器形との説もある。比較的小型の土器であれば丸底のほうがつくりやすく、乾燥時や焼成時に割れにくいという理由もあると考えられるが、使用状況としては不整地での使用が多かった、少なくとも平底にする手間をかける必要がないほど、平坦面での使用の機会は少なかったということはいえるだろう。

石器についても上黒岩岩陰遺跡では、草創期前半の9層では、少数の石槍のほか、多量の有茎尖頭器にごく少数の石鏃がみられた。有茎尖頭器も長さ五センチ程度の比較的小型のものが多く、実質的には弓矢の鏃であった可能性も考えられ、主に小型獣対象の狩猟活動がうかがえる。同時にヘラ形石器が多いのは、すでに述べたように獣の皮なめしなどを集中的におこなったことを示すのであろう。

草創期後半の6層には、一五点程度の石鏃とともに凹石や

図45 ● 高知平野の奥谷南遺跡
尾根先端の巨石の岩陰（写真中央）を中心に、
草創期の生活痕がみいだされた。

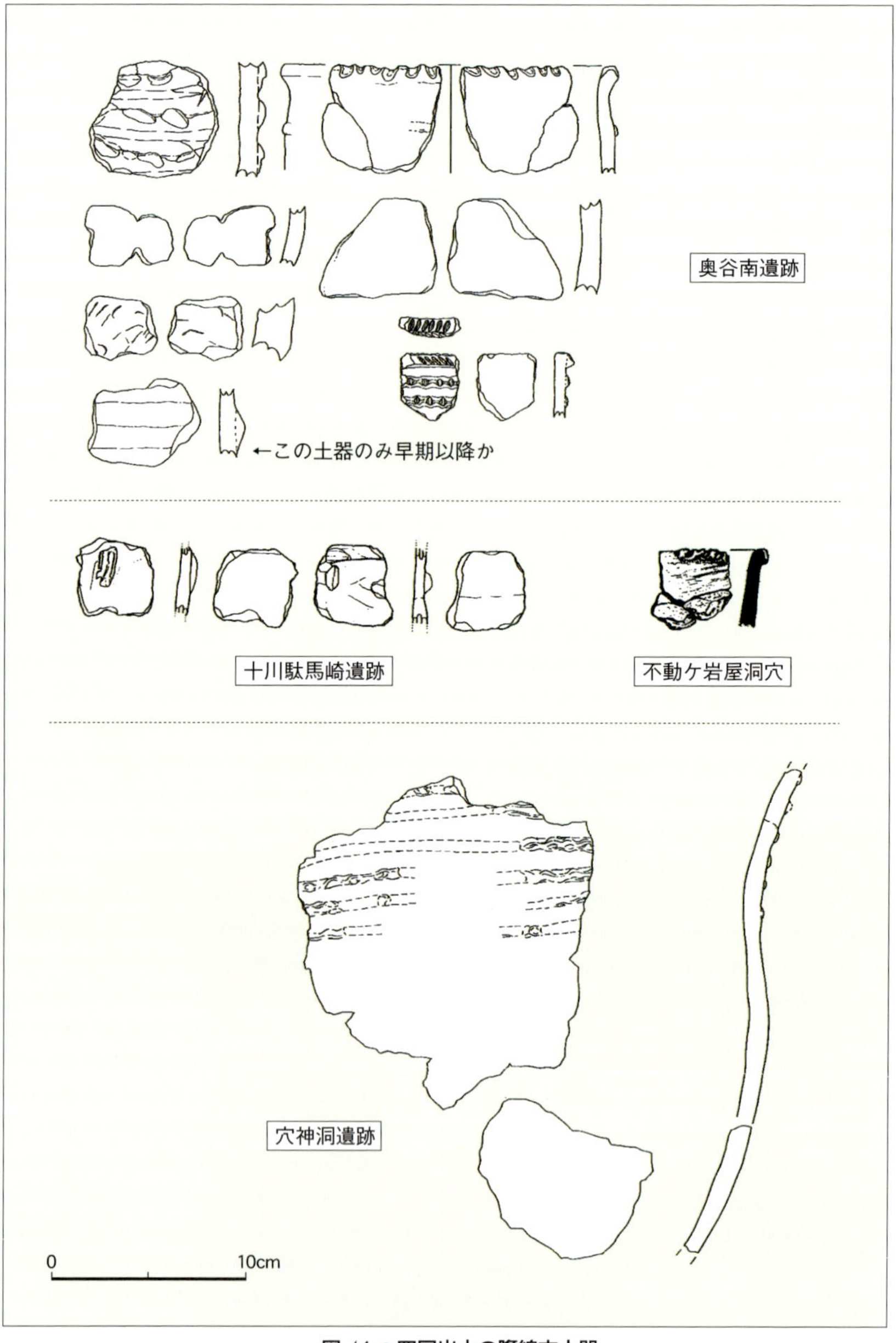

図 46 ● 四国出土の隆線文土器

四国では上黒岩岩陰遺跡を代表として、愛媛県西部と高知県に隆線文土器の出土が知られている。

敲石の出土が目立ち、狩猟とともにドングリなど植物質食料の加工がさかんにおこなわれるようになったと考えられる。いずれにせよ、9層で十数個体、6層で一〇個体以下の土器の量であり、型式的にみても同一時期に属する土器のみの組成である。9層段階および6層段階のそれぞれにおいて、もしかしたら一回のみ、または連続した年次での数度に重なった狩猟などのための季節的な滞在であったと考えられるのである。

早期の土器・石器と居住のあり方

これに対し、早期の押型文土器の段階には、多量の石鏃と、スクレイパー、石錘、凹石など石器組成は多様になり、台石と思われる大型の平たい石も出土する。狩猟・植物採取・加工など多様な活動がおこなわれたことを示している。

同時に、土器型式的にも複数時期にわたり継続的で、土器の数量も数十個体分が各時期にみられ、居住の度合いが増している。多くの人骨やイヌの骨の出土のように、埋葬も岩陰でおこなっており、通年的な居住がおこなわれたものと考えられるのである。

2　縄紋のはじまりの年代をさぐる

上黒岩と年代測定

では、土器の出現は実年代で何年なのか。生活道具として普及する隆線文土器は何年ごろか。

これを検討するには、文字記録のない先史時代の年代推定として、炭素14年代測定および年輪年代とあわせ補正する「較正年代《こうせい》」による推定がもっとも適しているといえる。AMS（加速器質量分析計）を用いた炭素14年代による高精度編年の手法が、ハード・ソフト両面から技術的に著しい進展を遂げ、考古学に新たな局面をもたらしている。

慶應義塾大学江坂考古資料倉庫の上黒岩岩陰遺跡資料の箱一八七番のなかに、茶色の封筒に「年代測定用」と書いたメモとともに、さらにプラスチックケースに入って収納されていた十数片の炭化物がある。一緒にケースのなかに折り込まれて入っていたラベルには、「六二年一〇月一七日上黒岩　C拡九―Ⅵ　炭」と書かれていた。

これは一九六三年に、江坂さんが渡辺直径さんを通じてアメリカのアイソトープ研究所に測定を依頼し、Ⅸ層 12165±600^{14}CBP（^{14}CBP は一九五〇年を起点とした炭素年代）と報告された試料である。

今回、同一の資料をベータアナリィティテック社に委託して測定した結果、12530±40^{14}CBP という大きくは変わらない結果を得た。縄紋草創期の研究史のなかで年代測定研究が大きな役割を果たしてきたこと、その年代測定の確かさがあらためてわかった成果である（ただし、後述するように実年代としては現在は異なった年代を考えている）。

縄紋の年代測定の歩み

一九五〇年にリビーによってはじめられた炭素14年代測定は、一九五九年に縄紋早期の神奈

図47 ● **神奈川県・夏島貝塚**（国指定）
杉原荘介さんらによって、出土貝殻などの炭素14年代測定で世界最古の土器年代が報告された、学史上著名な遺跡。

図48 ● **長崎県・福井洞窟**（国指定）
芹沢長介さんによって隆線文土器、爪形紋土器などの包含層が調査され、出土した炭が炭素14年代測定された。

川県横須賀市夏島《なつしま》貝塚（図47）で測定された。その炭素14年代をもとに杉原荘介《すぎはらそうすけ》さん、芹沢《せりざわ》長介《ちょうすけ》さんによって、縄紋時代は約九〇〇〇年前にはじまるという絶対年代観が提示された。

その後、炭素14年代測定法を積極的に利用する芹沢さんらは、長崎県の福井洞窟（図48）においても測定をおこなった。福井洞穴のⅡ層とⅢ層からは、最古の土器群であった隆起線文《りゅうきせんもん》土器が細石刃《さいせきじん》・細石核《さいせきかく》といっしょに出土しているが、これらの層から出土した木炭を測定したところ、Ⅱ層で12400±350^{14}CBP、Ⅲ層で12700±500^{14}CBPという結果をえた。そして、縄紋時代の開始をいまから一万二〇〇〇年前とみなす縄紋時代の長期編年をあらためて主張した。

較正年代の登場

ところで、これまで述べてきた年代値は炭素14年代という、放射性炭素の半減期《はんげんき》から求められる年代であるが、近年の研究によって、過去の炭素14の量が復元され、より正確な年代値に補正することができるようになってきた。これを較正年代という。

ここで誤解してはならないのは、放射性炭素の半減期を用いた炭素14年代測定法自体は、測定方法や機器の進歩により変化はしているが原理は変わらず、年輪年代との補正などによって、より正確な実年代の推定が可能になったということである。

この較正年代は一九八〇年代より提起されはじめ、またＡＭＳとよばれる加速器質量分析計を用いたより高精度な炭素14年代の測定が日本では二〇〇〇年ころから実用性が増してきたことと合わせ、近年の研究では較正年代値を重要視するようになっている。古い時期ほど炭素14

年代値と較正された年代とのズレが大きくなり、縄紋草創期ごろでは二〇〇〇年ほどの差が生じる。

最古の土器と縄紋草創期の実年代

世界的にみても、もっとも古い土器の一つは青森県の大平山元《おおだいやまもと》Ⅰ遺跡で、旧石器時代終わりごろの石器とともに発見された無文土器である。同遺跡の土器付着物および同じ層位から出土した炭化物の炭素14年代測定によって、おおよそ一万六〇〇〇～一万五五〇〇年前のあいだに求められることが辻誠一郎《つじせいいちろう》さん、中村俊《なかむらとし》夫《お》さんらの測定により確認された。この年代は、地球の歴史からみても、更新世（氷河期）にさかのぼる年代である（図49）。

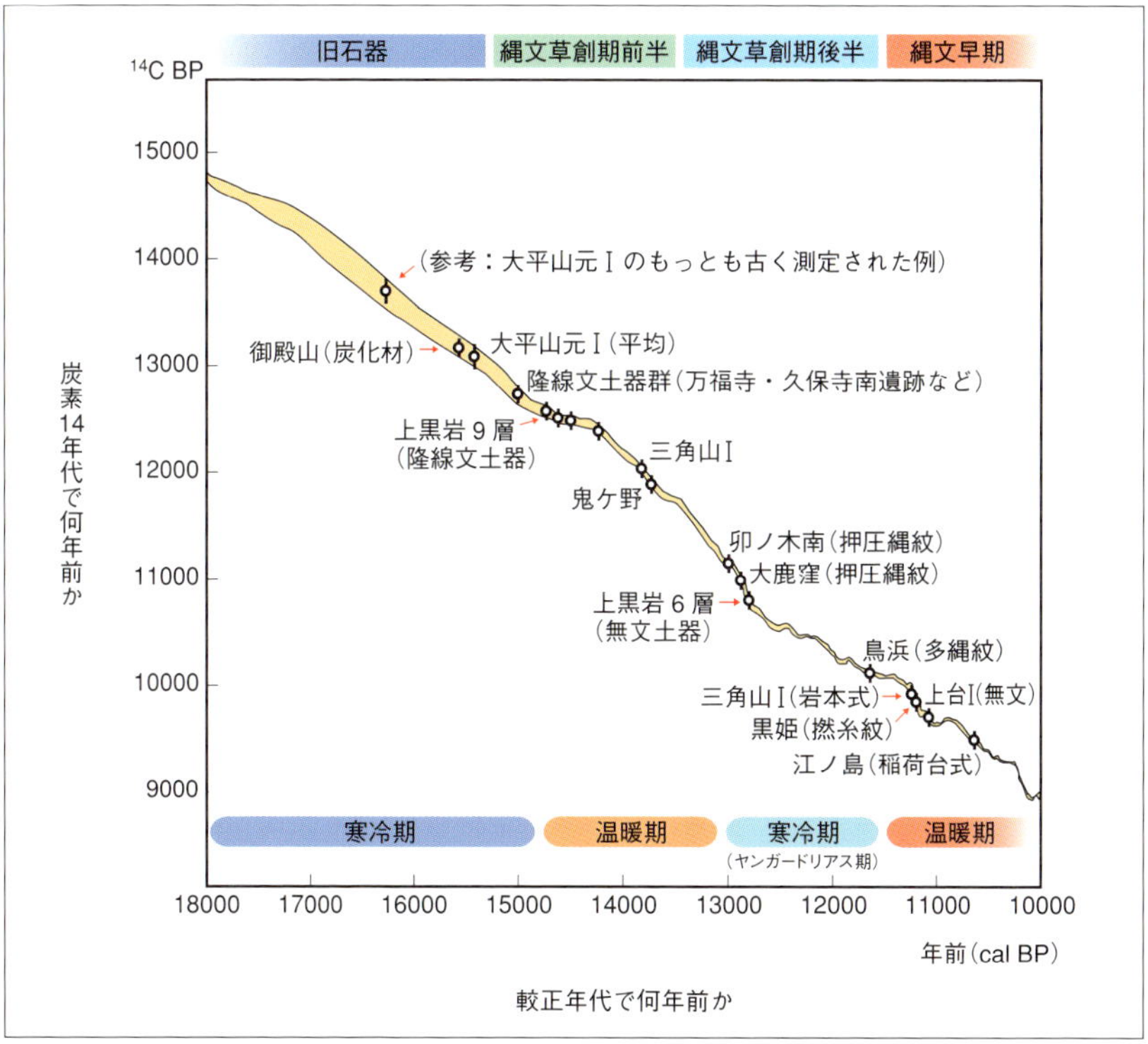

図49 ●縄紋草創期の年代と較正曲線
旧石器時代から縄紋草創期・早期にかけての炭素14年代測定値（タテ軸）と較正年代（ヨコ軸）の関係を示す。折れ線は過去の大気中の炭素14の量と年輪試料などで測定した数値（二重線は測定誤差の幅）。

その後、わたしが東京都武蔵野市の御殿山《ごてんやま》遺跡などから出土した草創期の隆線文土器の付着物と伴出炭化物を測定した結果、東日本の隆線文土器も、その初期は約一万五〇〇〇年以上前の氷河期にさかのぼることが確実となった。

前節でふれたように、上黒岩岩陰遺跡の隆線文土器は、炭素14年代で12500～12200^{14}CBPという測定値がえられている。これは較正年代にすると約一万四八〇〇～一万四二〇〇年前に集中する。

隆線文のはじまりである御殿山遺跡が約一万五五〇〇～一万五〇〇〇年前ごろで、上黒岩岩陰遺跡をはさんで、その終わりである鹿児島県の鬼ケ野遺跡、三角山Ⅰ遺跡の隆線文土器が一万三八〇〇年前ごろであることから、隆線文土器文化は一二〇〇～一七〇〇年間にわたり列島の北から南まで継続し展開していたと考えられる。

現時点における縄紋草創期の実年代推定（一九五〇年より何年前か）を整理すると、つぎのようになる（calBC は較正年代で紀元前何年の表記）。

・隆線文　一万五四五〇～一万三一五〇年前（13500～11200calBC）
　◎上黒岩9層・隆線文土器
・押圧縄紋　一万二九五〇～一万二二五〇年前（11000～10300calBC）
・多縄紋・無文　一万一九五〇～一万〇九五〇年前（10000～9000calBC）
　◎上黒岩6層、無文土器
・縄紋早期撚糸紋　一万一五五〇年前以降（9600calBC）

3　縄紋時代はいつから？

土器はなぜ生まれたのか

土器出現の理由はいまでも明らかではない。これまで海外では、漁業活動の活発化を契機とする説、地面を掘ったピットに焼け石を入れるストーンボイリングから派生したとの説などが紹介されている。日本ではドングリのアク抜き説（渡辺誠さんの説など）、籠《かご》に粘土を貼った容器が偶然焼けたことによる発明説（小林達雄さんの説）などさまざまな説が提起されてきた。

しかし、これらの説には、なぜ土器が必要とされたのかという動機の問題と、それなりの技術がないとつくれない焼成物をどのように産みだしたかという契機の問題とが混在していることによる混乱があった。そのうえ、いまみてきたように日本列島における土器の成立が氷河期にさかのぼることが確実となったことにより、土器出現の背景となる自然環境についての認識をあらためることからはじめなくてはならなくなった。

自然環境と土器出現の関連

縄紋土器が氷河期の最後のころに出現し、しかももっとも古い段階としては東日本で出現していることから、環境変動にともなう森林資源の変化、つまりトウヒ属を主とした亜寒帯的な森林環境からしだいに落葉樹林が混合しだした自然環境のなかで土器は生まれた。おそらくはブナの実のほかドングリ類などがしだいに出現してきたことにより、植物質食料のアク抜きなどのために必要とされたと考えられる。

やや温暖化した一万四五〇〇年前ごろに隆線文土器として一気に列島各地に広まっていることも、植物質食料、とくにコナラ・カシ・シイなどの種実類の利用とともに土器が普及したことを示唆している。

この点、河川沿いに内陸部まで分布することから魚類の煮沸による魚油採取のために発明されたと考えるロシアのアムール川流域の出現期土器とは異なった系譜で生みだされてきた可能性が高いだろう。近年みいだされてきた中国南部の、一万八〇〇〇年前の可能性も指摘され、一万五〇〇〇年前であることは確実な湖南省玉蟾岩《ゆちゃんかん》洞窟の土器の成立過程も含め、東アジアにおける土器の出現は今後も検討していくべき課題である。

縄紋土器の北の流れと南の流れ

日本列島が最古かどうか（シベリアから沿海州に土器のふるさとを求める意見も多い）はともかく、東アジア地域が最古の土器の発生地帯であり、かつ氷河期にさかのぼる時期の発明であることは確実である。それはたんに土器の発生について、日本が世界最古だというような表層的な事柄のみが重要なのではなく、農耕と関わりなく土器が発生した、逆にいえば、農耕はなくとも高度な技術的蓄積を果たすことが可能だったという、東アジア地域の潜在的な豊かさ、また人類発展段階の多様性を示している。

これまでのヨーロッパ中心史観とでもいうべき旧石器→新石器時代、すなわち農耕と牧畜の

図 50 ● 土器文化の「北の流れ」と「南の流れ」
縄紋草創期の土器が出土している遺跡は全国で 300 遺跡以上が
確認されている。図には代表的な遺跡のみを示す。

発生によって人類は土器や定着生活など文明の恩恵をよくするに至ったのだという理解は考え直すべきことになったといえる。

その土器文化は、青森県大平山元Ⅰ遺跡を現在最古とする土器文化として、北から日本海側を中心に関東地方まで南下してくる無文—隆線文土器の「北からの流れ」がある（図50）。ロシアのグロマトーゥハ遺跡と新潟県壬《じん》遺跡の円孔文《えんこうもん》土器などに、口唇部直下の穿孔《せんこう》された穴である円孔文に共通性があるのも、その一環である可能性も考えられる。

一方、鹿児島県横井竹ノ山《よこいたけのやま》の無文土器から隆帯文土器へと連なる土器文化は、太平洋沿いに分布する。南九州と三重県にみられる煙道付炉穴《えんどうつきろけつ》や、愛知県田原市の宮西《みやにし》遺跡、静岡県沼津市の葛原沢Ⅳ遺跡から出土した太い隆帯文土器や円鑿《まるのみ》形石斧の分布などは「南からの流れ」を示すと考えられる。

こうした流れのなかで、四国山中の上黒岩岩陰遺跡は、愛媛県の穴神洞遺跡（洞穴）、北九州の泉福寺洞穴、福井洞窟などの隆線文土器文化と、近畿奈良県の桐山和田《きりやまわだ》遺跡、ウチカタピロ遺跡、さらに関東・中部地方と共通した土器の流れと、南九州から高知県の奥谷南遺跡、三重県の粥見井尻《かゆみいじり》遺跡、愛知県の宮西遺跡、静岡県の葛原沢Ⅳ遺跡・拓南東《たくなんひがし》遺跡、尾上《おがみ》イラウネ遺跡などの南からの流れとの間をつなぐ位置づけが考えられるのである。

縄紋文化のはじまり

一万三〇〇〇年以上の長きにわたる縄紋時代。そのあいだには、小規模な集団により一定地域に定着しながらも、季節による移動的な生活が想定される草創期・早期、貝塚や定型化した集落を発展させていく前期・中期以降と、時期的な変化がある。また地域的にも、最初は無文だった土器が隆線文土器として装飾化すると、広域にスタイルを共有しつつも、地域ごとに異なったタイプを発達させ、後に縄紋文化の特徴であるところの異なる土器地域文化圏を完成させ、縄紋諸文化集合体となっていく。

しかし、小規模な半栽培を含む植物質資源を中心とした採集狩猟を生業としているということで、列島に共通性のある文化を育んだ縄紋社会である。その基本的な枠組みは、縄紋時代のはじまりのころである隆線文土器段階に萌芽したとみてよいであろう。

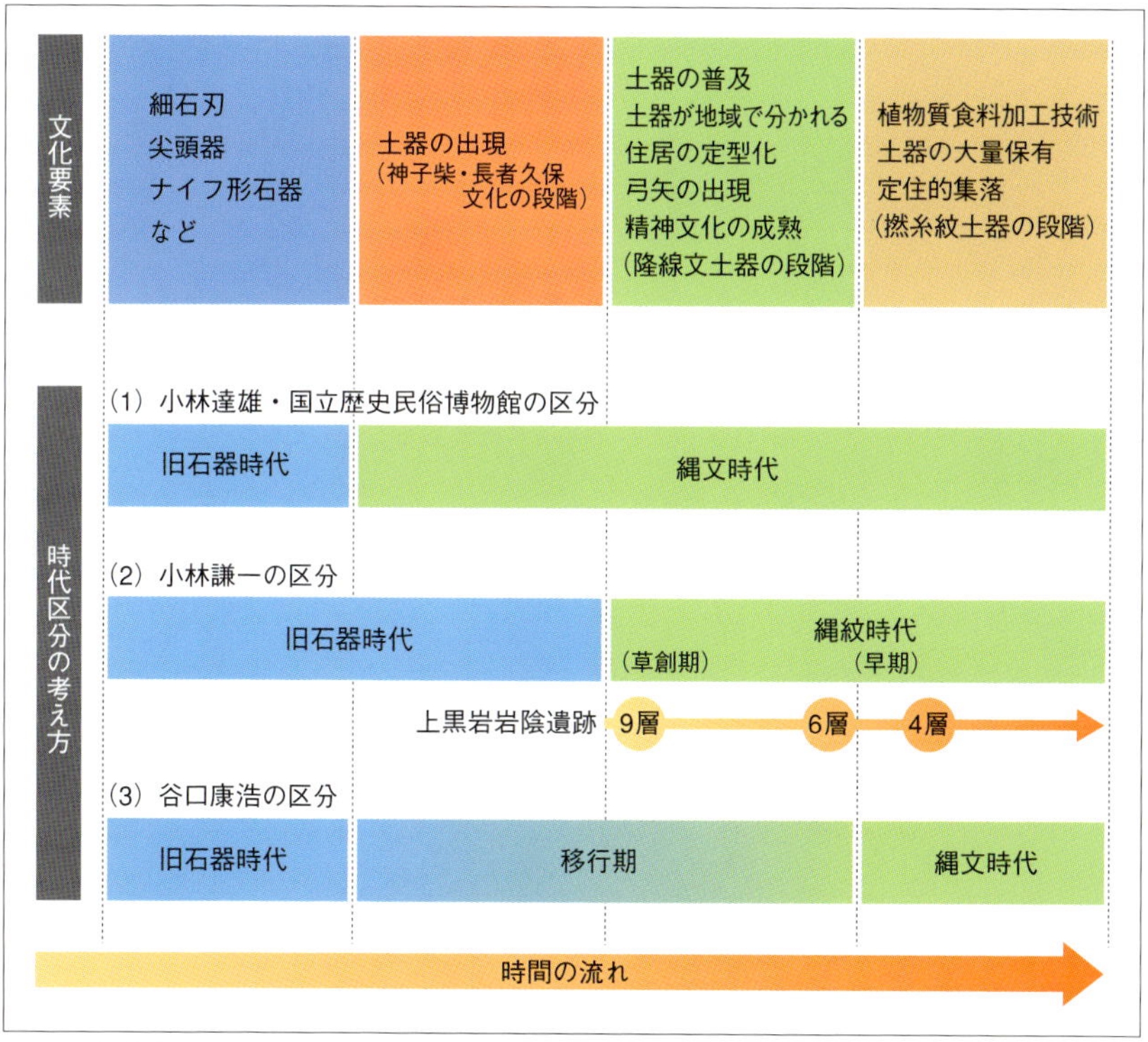

図51 ● **縄紋文化のはじまりをめぐる時代区分の比較**

旧石器時代と縄紋時代の画期をどこに引くかは大きく三つの見解がある。
一般的には（1）の土器の出現を縄紋文化のはじまりとしている。

そのはじまりを何年前とするかは、時代区分という面から旧石器時代と縄紋時代の画期を何に求めるかによってちがってくる。すなわち、縄紋時代を縄紋文化の存在する時代とするならば、何をもって縄紋文化とよぶかということになる（図51）。

もっとも一般的な意見は、日本列島における「土器」の出現をもって縄紋時代とする説で、小林達雄さんに代表される。そのはじまりは現在のところ青森県大平山元Ⅰ遺跡の無文土器が初現であるから、一万六〇〇〇年前から一万五五〇〇年前のいずれかの年代ということになる。

二つ目の意見は、土器が列島全体に普及し、結果的に弓矢、竪穴住居が相次いで出現するから縄紋時代とする。言い換えれば、初現の土器は縄紋土器ではなく、旧石器時代晩期の土器（それに石偶も含む）隆線文土器期を縄紋時代のはじまりとする説で、一万五〇〇〇年前ころととらえる考えで、わたしはこの立場を主張している。

さらに三つ目は、貝塚の出現や比較的大きな集落の出現する縄紋早期撚糸紋・押型文土器期からを縄紋時代とし、縄紋草創期は移行期とする意見で、國學院大學の谷口康浩《たにぐちやすひろ》さんが提起している。この場合は一万一〇〇〇年前となり、結果的に氷河期が完全に終わった後ということになる。

土器の出現と変遷、石器における細石刃から尖頭器、有茎尖頭器、さらに石鏃へ、また石皿や石斧、石匙形を含めた石器の変化の様相、竪穴住居などの居住施設の変化、石偶・土偶や装身具などその他の精神文化遺物の変遷や出現年代については、考古学的調査の進展と年代測定研究の蓄積によってしだいに明らかになりつつあり、その順番についてはおおむね一致した見解が得られつつある。

しかし、人類史として、東アジアのなかで地域間比較や自然環境の変化との対比、さらに土器の発明という人類史上の大事件の契機を明らかにしていく過程で、何をもって縄紋時代のはじまりとするか、そもそも縄紋文化とは何なのかをさらに深く議論していく必要がある。歴史研究とは、一つだけの解答があるのではなく、いくつもの仮説のなかから真実へと近づいていくための道筋と考えるのである。

4　これからの上黒岩岩陰遺跡

成果の公表と報告書の作成

以上、上黒岩岩陰遺跡の発掘調査とその後の共同研究の成果から縄紋時代のはじまりをみてきた。上黒岩岩陰遺跡の今日的な資料価値は、二〇〇五年に兵頭さんが中心となっておこなわれた愛媛県歴史文化博物館企画展「上黒岩岩陰遺跡とその時代展」で展示され、地元の重要資料として注目された。

また、共同研究での基礎整理が終了した二〇〇七年一月には、歴博において、れきはくプロムナード展示「縄文時代のはじまり—愛媛県上黒岩岩陰遺跡の研究成果—」として、国立歴史民俗博物館・慶應義塾大学・久万高原町・愛媛県教育委員会および地主である竹口渉さん個人所蔵の資料を展示し、第五八回歴博フォーラム「縄文時代のはじまり—愛媛県上黒岩遺跡の研究成果―」（二〇〇七年一月）を開催した。

そして、二〇〇九年九月には、整理報告書『愛媛県上黒岩遺跡の研究』（国立歴史民俗博物館研究報告第一五四集）を刊行した（図52）。さらに、歴博の企画展示『縄文はいつから!?―一万五千年前になにがおこったのか―』（二〇〇九年一〇月～二〇一〇年一月）で上黒岩岩陰遺跡の研究成果を大きくとり上げた。

報告書刊行は地元の方々も喜んでくださり、二〇〇九年一一月には久万高原町で「上黒岩岩陰遺跡シンポジウム―縄文時代の始まりを考える―」がおこなわれたことも特記されよう。

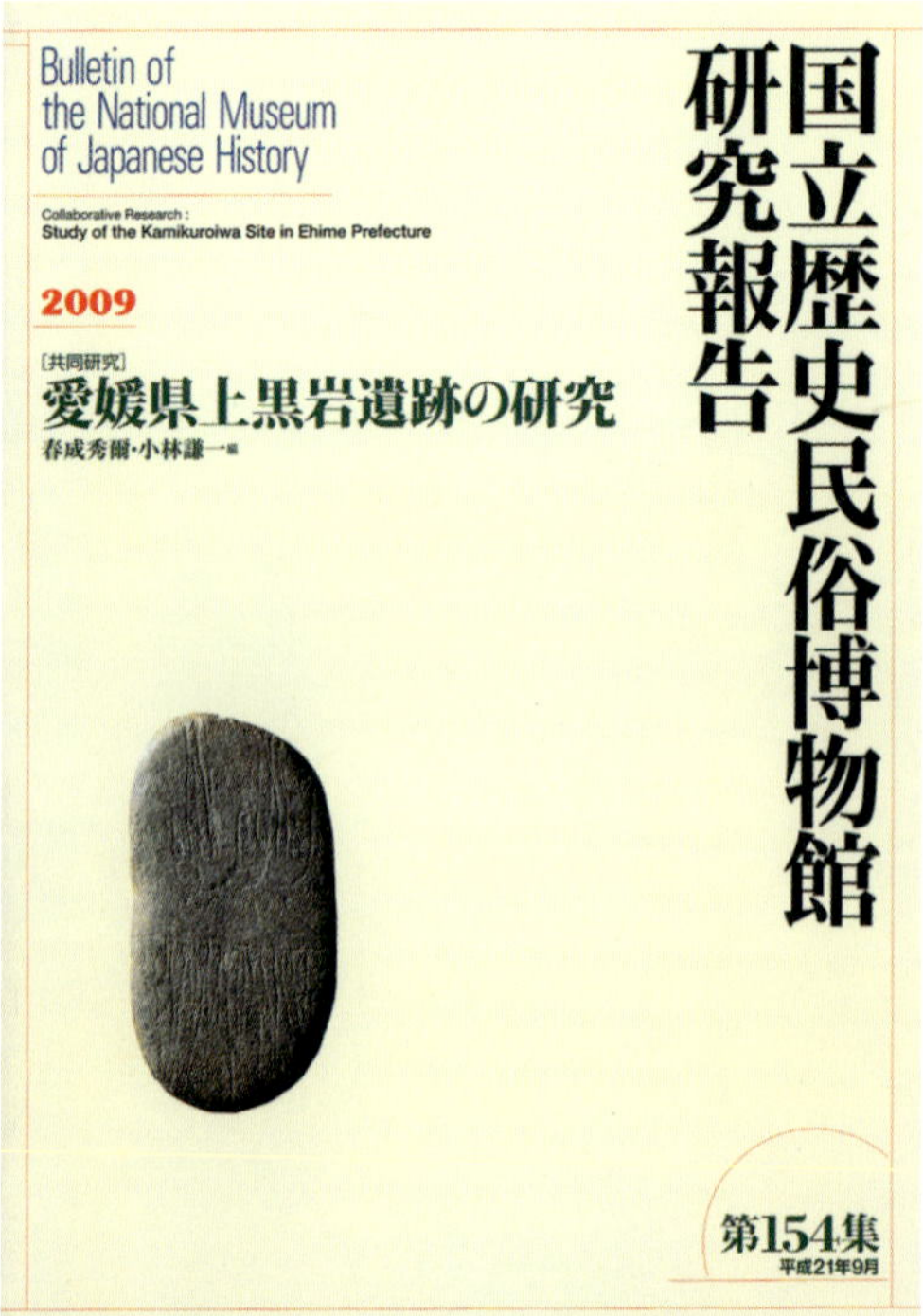

図52 ● 整理報告書『愛媛県上黒岩遺跡の研究』
歴博の共同研究の成果報告書として刊行された。

資料の一括保存と活用を

いままで上黒岩岩陰遺跡は、その重要さにくらべて幸福とばかりはいえない状況におかれてきた。遺跡自体は、発見から一〇年後の一九八一年五月二七日に国の史跡に指定されたが、遺物は地元の資料館と東京の慶應義塾大学に大きく分散されているほか、西田さんの採集資料を中心に一部は愛媛県歴史文化博物館所蔵に、文化庁が買い上げた分は歴博に所蔵されている。さらに調査当時から整理・研究のために分散した資料が他機関にも存在しているようであり、各地に分散してしまっている。

また重要な考古学的内容が含まれていたことが逆に足かせともなり、簡単には正式な報告書としてまとめることができなかったため、その存在が広く知られなかったともいえる。今回、報告書が刊行されたことを機に、地元で保管展示施設を充実させ、資料を一括保存できるようになれば、遺物も国の重要文化財として一括指定されるべき内容であろう。

上黒岩岩陰遺跡が発見されたころからくらべると、現在、縄紋草創期に関する遺跡は数多く発見され調査されてきているが、その多くは調査終了後開発され、高速道路や飛行場に姿を変えてしまっている（図53）。保存される場合も、一部が公園として残されているような事例が多い。岩陰や洞窟遺跡でも、遺物が埋まっていた包含層はすでに掘りつくされて、外側の皮である洞窟だけが残っている場合もある。

上黒岩岩陰にはまだ重要な遺物がそのまま埋まっているであろう未発掘の包含層も保存区として残されており、将来の発掘調査技術の進歩によって、新たに発見される可能性がある人類の宝が埋まっている。さらに、岩陰周辺は過去の状況に近い景観が残されており、全国的にみても希有な縄紋草創期遺跡であるといえる。こうした遺跡および遺物の数々を、きちんと後世に残していくことは、わたしたちに課せられた責務といえるのである。周辺の景観を含め、永く上黒岩岩陰遺跡の太古の生活の風景を残していかなくてはならない。

北海道・大正３遺跡（高速道路）

山形県・日向洞窟（国指定）

新潟県・小瀬ケ沢洞窟（国指定）

湘南藤沢キャンパス内遺跡Ⅱ区住居状遺構（保存）

神奈川県・勝坂遺跡 45 次地点（開発・消滅）

長崎県・泉福寺洞穴（国指定）

鹿児島県・三角山Ⅰ遺跡（空港・消滅）

韓国・高山里遺跡
（一部遺跡公園、縄紋早期前半相当）

図 53 ● **縄紋草創期・早期遺跡の現況**

参考文献

天羽利夫　一九七六「四国のあけぼの」『えとのす』5　新日本教育図書
今村峯雄　二〇〇七「炭素14年代較正ソフトRHC3・2について」『国立歴史民俗博物館研究報告』一三七　国立歴史民俗博物館
江坂輝彌・岡本健児・西田　栄　一九六七「愛媛県上黒岩岩陰」『日本の洞穴遺跡』日本考古学協会・平凡社
江坂輝彌・森本岩太郎・小片丘彦　一九六九「愛媛県上黒岩岩蔭遺跡第四次調査速報」『考古学ジャーナル』三七
江坂輝彌・森本岩太郎・小片丘彦　一九七〇「骨器をとどめた寛骨を含む縄文早期人骨の二次埋葬例—愛媛県上黒岩岩蔭遺跡第四次発掘人骨速報—」『人類学雑誌』七八—一
愛媛県歴史文化博物館　二〇〇五『平成一七年度企画展　上黒岩岩陰遺跡とその時代—縄文文化の源流をたどる—』
岡本孝之・小林謙一・桜井準也ほか　一九九三『慶應義塾湘南藤沢キャンパス内遺跡』1総論　慶應義塾藤沢校地埋蔵文化財調査室
小畑弘己　二〇〇三「周辺地域の土器出現期—シベリア・沿海州—」『季刊考古学』八三　雄山閣
遠部　慎・小林謙一・春成秀爾・西本豊弘　二〇〇八「上黒岩岩陰遺跡の年代学的研究」『日本考古学協会第七四回総会　研究発表要旨』日本考古学協会
可児通宏　一九九二「復元されたシベリアの縄文施文の土器—アムール川地域グロマトゥハ遺跡出土—」『季刊考古学』三八　雄山閣
工藤雄一郎　二〇〇三「更新世終末から完新世移行期における考古学研究の諸問題—環境変遷史と考古学的時間軸の対応関係—」『古代文化』五五—六
工藤雄一郎　二〇〇七「旧石器時代から縄文時代へ　更新世から完新世へ—生態系史という視点—」『歴博』一四三
国立歴史民俗博物館　二〇〇六「土器の始まりのころ」『歴博』一三九
国立歴史民俗博物館　二〇〇九a『企画展示　縄文はいつから⁉—一万五千年前になにがおこったのか—』
国立歴史民俗博物館　二〇〇九b『愛媛県上黒岩遺跡の研究』（春成秀爾・小林謙一編『国立歴史民俗博物館研究報告』一五四）
古代オリエント博物館　二〇〇九『世界の土器の始まりと造形—ドキドキ！土器って面白い！—』（石田恵子・津本英利編）
小林謙一　一九九六「なすな原遺跡出土の隆線文土器」『なすな原遺跡』なすな原遺跡調査会

小林謙一　二〇〇七「縄紋時代前半期の実年代」『国立歴史民俗博物館研究報告』一三七　国立歴史民俗博物館
小林謙一　二〇〇八ａ「縄文土器の年代（東日本）」小林達雄編『総覧縄文土器』刊行委員会
小林謙一　二〇〇八ｂ「日本列島における初期定住化遺構の年代測定研究」『白門考古論叢Ⅱ』中央大学考古学研究会創設四〇周年記念論文集　中央考古会・中央大学考古学研究会
小林謙一・江坂輝彌　一九九四「上黒岩陰遺跡出土の草創期土器」『利根川』一四
小林謙一・国立歴史民俗博物館編　二〇〇八『第五八回歴博フォーラム　縄文時代のはじまり―愛媛県上黒岩遺跡の研究成果―』国立歴史民俗博物館・六一書房
小林謙一・今村峯雄・春成秀爾　二〇〇五「大和市上野遺跡出土縄紋草創期土器付着物の14C年代」『大和市史研究』三一　大和市役所総務部総務課
小林謙一・春成秀爾・今村峯雄・西本豊弘　二〇〇六「縄文時代草創期の炭素14年代測定」『日本考古学協会第七二回総会発表要旨』日本考古学協会
坂本　彰　一九九五『花見山遺跡』港北ニュータウン地域内埋蔵文化財調査報告ⅩⅥ　横浜市ふるさと歴史財団
芹沢長介・鎌木義昌　一九六七「長崎県福井洞穴」『日本の洞穴遺跡』日本考古学協会洞穴遺跡調査特別委員会
谷口康浩　一九九九「長者久保文化期の諸問題」『大平山元Ⅰ遺跡の考古学的調査』大平山元Ⅰ遺跡発掘調査団
谷口康浩　二〇〇二「日本および極東における土器出現の年代」『國學院大學考古学資料館紀要』一八　國學院大學考古学資料館
谷口康浩　二〇〇五「極東における土器出現の年代と初期の用途」『名古屋大学加速器質量分析計業績報告書（ⅩⅥ）』名古屋大学年代測定総合研究センター
東京都教育庁生涯学習部文化課　二〇〇二『前田耕地遺跡　縄文時代草創期資料集』
百々幸雄　一九七六「愛媛県城川町中津川洞遺跡出土の一人骨」『国立科学博物館専報』九
長井和秋　二〇〇六「上黒岩岩陰遺跡出土の古式土師器と弥生土器他」『ソーシアル・リサーチ』三一　ソーシアル・リサーチ研究会伊予西条
中村俊夫・辻誠一郎　一九九九「青森県東津軽郡蟹田町大平山元Ⅰ遺跡出土の土器破片表面に付着した微量炭化物の加速器14C年代」『大平山元Ⅰ遺跡の考古学的調査』大平山元Ⅰ遺跡発掘調査団
西田　栄　一九六二「愛媛県上黒岩縄文遺跡第一次調査概報（上浮穴郡美川村ヤナゼ所在）」『伊予史談』一六四・一六五合併号　伊予史談会

沼津市教育委員会　二〇〇一『葛原沢第Ⅳ遺跡（a・b区）発掘調査報告書Ⅰ―縄文時代草創期・縄文時代―』沼津市文化財調査報告書七七
春成秀爾　二〇〇一「旧石器時代から縄文時代へ」『第四紀研究』四〇―六　日本第四紀学会
兵頭　勲　二〇〇〇「愛媛県における押型文土器について―上黒岩岩陰遺跡を中心として―」『愛媛県歴史文化博物館研究紀要』第五号
森本岩太郎・小片丘彦・小片保・江坂輝彌　一九七〇「受傷寛骨を含む縄文早期の二次埋葬例」『人類学雑誌』七八―三
山内清男・佐藤達夫　一九六二「縄紋土器の古さ」『科学読売』一二―一三　読売新聞社
横浜市歴史博物館・（財）横浜市ふるさと歴史財団埋蔵文化財センター　一九九六『縄文時代草創期資料編』
渡辺直経　一九六六「縄文および弥生時代の14C年代」『第四紀研究』五―三・四　日本第四紀学会

写真所蔵・提供

図1・3・4・5・6・8・9・28・39・40・44：江坂輝彌撮影・慶應義塾大学民族学考古学研究室提供
図36：西田栄撮影・愛媛県立歴史文化博物館提供
図12・42・43：慶應義塾大学提供
図13・22：慶應義塾大学所蔵・国立歴史民俗博物館提供
図15・24・25・26・35・37：慶應義塾大学民族学考古学研究室所蔵
図16（上2片）・31・33：久万高原町教育委員会所蔵・国立歴史民俗博物館提供
図16（下2片）・27・31：国立歴史民俗博物館所蔵・提供
図17・47：遠部慎提供
図18：兵頭勲提供
図19：愛媛県立歴史文化博物館所蔵・写真提供（原品は久万高原町教育委員会所蔵）
図21・38：江坂輝彌撮影・久万高原町教育委員会所蔵
図23：上左は慶應義塾大学民族学考古学研究室所蔵、上右・下は丑野毅氏所蔵・提供
図29・30：久万高原町教育委員会所蔵、慶應義塾大学民族学考古学研究室所蔵、国立歴史民俗博物館所蔵・提供
図34：慶應義塾大学民族学考古学研究室所蔵・国立歴史民俗博物館提供
図45：高知県文化財団埋蔵文化財センター写真提供

図版出典（いずれも一部改変）
図2：愛媛県歴史文化博物館　二〇〇五
図3（下）・11：国土地理院2万5千分の1地形図「久万」
図11：橋本真紀夫・矢作健二作図
図20・46：小林謙一作図・編　二〇〇八
図32：春成秀爾作図・国立歴史民俗博物館　二〇〇九ａ
図50：小林謙一作図・古代オリエント博物館　二〇〇九
上記以外は筆者、国立歴史民俗博物館提供写真は勝田徹撮影

謝　辞

本書は、国立歴史民俗博物館個別共同研究「愛媛県上黒岩遺跡の研究」（研究代表者春成秀爾）での春成秀爾、西本豊弘、永嶋正春、遠部慎、中橋孝博、阿部祥人、佐藤孝雄、岡崎健治、綿貫俊一、兵頭勲、姉崎智子、山崎真治、橋本真紀夫、矢作健二、丑野毅の各氏との共同研究成果に負うところが大きい。

また、上黒岩岩陰遺跡以外の草創期研究については、歴博二〇〇九年度特別展「縄文はいつから!?―一万五千年前になにがおこったのか―」の展示プロジェクト委員・協力者の今村峯雄、坂本稔、安藤広道、宮尾亨、神山崇、小畑弘己、藤尾慎一郎、工藤雄一郎の各氏（上記共同研究メンバー以外）、および歴博個別共同研究（二〇〇七―二〇〇九年度）の同じく重複しない共同研究者・協力メンバーの栗島義明、津村宏臣、河西学、二宮修治、新免歳靖、坂上梨恵の各氏との共同研究成果に負っている。主に年代測定研究については、歴博での共同研究のほか、学術創成研究、学術振興会科学研究費補助金における共同研究および協力者の中村俊夫、松崎浩之、宮田佳樹の各氏のお世話になった。

そのほか久万高原町教育委員会、愛媛県教育委員会、愛媛県歴史文化博物館（石岡ひとみほか）、愛媛県埋蔵文化財センター、松山市考古館、上黒岩遺跡考古館、高知県立歴史資料館（岡本桂典ほか）、竹口涉ほかの竹口家の皆様、慶應義塾大学民族学考古学研究室、江坂輝彌およびご夫人、岡本孝之、故鈴木道之助、岡本健児、古田幹、米倉薫、大野尚子、明治大学博物館の各研究機関、関係者各位にお世話になった。

以上の多くの方々のご協力に感謝を申し上げます。

上黒岩岩陰　国指定史跡

・愛媛県上浮穴郡久万高原町上黒岩１０９２

・交通　車で松山自動車道松山ＩＣから国道33号を美川方面へ車で35キロ。松山市より車で1時間半。

上黒岩岩陰と上黒岩岩陰遺跡考古館

久万高原町立 上黒岩遺跡考古館

・住所は上黒岩岩陰と同じ

・開館時間　9：00～17：00

・休館日　月曜、12月1日～3月31日

・入館料　大人１００円　高校・大学生80円　小・中学生50円

岩陰のすぐ前に１９７４年開館された。石偶5点をはじめ、上黒岩岩陰遺跡出土土器・石器や動物骨、骨器の刺さった腰骨や成人女性人骨などが展示されている。上黒岩岩陰遺跡も見学できる。

愛媛県歴史文化博物館

・愛媛県西予市宇和町卯之町４―11―２

・開館時間　9：00～17：00

・休館日　月曜日（毎月第一月曜は開館、その翌日火曜休館）、年末年始

・入館料　大人（高校生含む）５００円　小・中学生無料

・交通　ＪＲ松山駅より特急約1時間で卯之町駅下車、徒歩（遊歩道利用）約20分、または歴史文化博物館行きバス、博物館前下車。車で松山自動車道松山ＩＣから西予宇和ＩＣ経由で約50分。

１９９６年開館の歴史系総合博物館。上黒岩岩陰遺跡出土土器の復元レプリカが展示されているほか、調査者の一人である西田栄さんの寄贈資料（土器・石器）および西田さん撮影の写真などが保管されている。

国立歴史民俗博物館

・千葉県佐倉市城内町１１７

・開館時間　9：30～17：00（冬季16：30）

・休館日　月曜（ただし月曜が祝日の場合は翌火曜休館）、年末年始（12月27日～1月4日）

・入館料　一般４２０円、高校・大学生２５０円、小・中学生無料

・交通　京成線佐倉駅より徒歩約15分、またはバス約5分。ＪＲ佐倉駅よりバス約15分。

上黒岩岩陰遺跡の資料を文化庁より移管を受けて一部（石偶3点、土器3点、石器10点）保管する。

刊行にあたって

「遺跡には感動がある」。これが本企画のキーワードです。

あらためていうまでもなく、専門の研究者にとっては遺跡の発掘こそ考古学の基礎をなす基本的な手段です。また、はじめて考古学を学ぶ若い学生や一般の人びとにとって「遺跡は教室」です。

日本考古学では、もうかなり長期間にわたって、発掘・発見ブームが続いています。そして、毎年厖大な数の発掘調査報告書が、主として開発のための事前発掘を担当する埋蔵文化財行政機関や地方自治体などによって刊行されています。そこには専門研究者でさえ完全には把握できないほどの情報や記録が満ちあふれています。しかし、その遺跡の発掘によってどんな学問的成果が得られたのか、その遺跡やそこから出た文化財が古い時代の歴史を知るためにいかなる意義をもつのかなどといった点を、莫大な記述・記録の中から読みとることははなはだ困難です。ましてや、考古学に関心をもつ一般の社会人にとっては、刊行部数が少なく、数があっても高価なその報告書を手にすることすら、ほとんど困難といってよい状況です。

いま日本考古学は過多ともいえる資料と情報量の中で、考古学とはどんな学問か、また遺跡の発掘から何を求め、何を明らかにすべきかといった「哲学」と「指針」が必要な時期にいたっていると認識します。

本企画は「遺跡には感動がある」をキーワードとして、発掘の原点から考古学の本質を問い続ける試みとして、日本考古学が存続する限り、永く継続すべき企画と決意しています。いまや、考古学にすべての人びとの感動を引きつけることが、日本考古学の存立基盤を固めるために、欠かせない努力目標の一つです。必ずや研究者のみならず、多くの市民の共感をいただけるものと信じて疑いません。

監修　戸沢　充則
編集委員　勅使河原彰　小野　昭
小野　正敏　石川日出志
小澤　毅　佐々木憲一

著者紹介

小林謙一（こばやし　けんいち）

1960年、神奈川県生まれ。

慶應義塾大学大学院民族学考古学専攻、総合研究大学院大学博士課程・国立歴史民俗博物館などをへて、現在、中央大学文学部准教授。

博士（文学）。

主要著書・論文『縄紋社会研究の新視点』（六一書房）、『縄文研究の新地平―勝坂から曽利へ―』（編共著、六一書房）、『縄文時代のはじまり』（編著、六一書房）、「縄紋時代前半期の実年代」『国立歴史民俗博物館研究報告』137集ほか。


シリーズ「遺跡を学ぶ」070

縄紋文化のはじまり・上黒岩岩陰《かみくろいわいわかげ》遺跡

2010年6月15日　第1版第1刷発行

著　者＝小林謙一

発行者＝株式会社 新 泉 社
東京都文京区本郷2-5-12
振替・00170-4-160936番　TEL03(3815)1662／FAX03(3815)1422
印刷／萩原印刷　製本／榎本製本

ISBN978-4-7877-1040-6　C1021

シリーズ「遺跡を学ぶ」

A5判／96頁／定価各1500円＋税

第Ⅰ期（全31冊完結・セット函入46500円＋税）

01 北辺の海の民・モヨロ貝塚　米村衛
02 天下布武の城・安土城　木戸雅寿
03 古墳時代の地域社会復元・三ツ寺Ⅰ遺跡　若狭徹
04 原始集落を掘る・尖石遺跡　勅使河原彰
05 世界をリードした磁器窯・肥前窯　大橋康二
06 五千年におよぶムラ・平出遺跡　小林康男
07 豊饒の海の縄文文化・曽畑貝塚　木﨑康弘
08 未盗掘石室の発見・雪野山古墳　佐々木憲一
09 氷河期を生き抜いた狩人・矢出川遺跡　堤 隆
10 描かれた黄泉の世界・王塚古墳　柳沢一男
11 江戸のミクロコスモス・加賀藩江戸屋敷　追川吉生
12 北の黒曜石の道・白滝遺跡群　木村英明
13 古代祭祀とシルクロードの終着地・沖ノ島　弓場紀知
14 黒潮を渡った黒曜石・見高段間遺跡　池谷信之
15 縄文のイエとムラの風景・御所野遺跡　高田和徳
16 鉄剣銘一一五文字の謎に迫る・埼玉古墳群　高橋一夫
17 石にこめた縄文人の祈り・大湯環状列石　秋元信夫
18 土器製塩の島・喜兵衛島製塩遺跡と古墳　近藤義郎
19 縄文の社会構造をのぞく・姥山貝塚　堀越正行
20 大仏造立の都・紫香楽宮　小笠原好彦
21 律令国家の対蝦夷政策・相馬の製鉄遺跡群　飯村均
22 筑紫政権からヤマト政権へ・豊前石塚山古墳　長嶺正秀
23 弥生実年代と都市論のゆくえ・池上曽根遺跡　秋山浩三
24 最古の王墓・吉武高木遺跡　常松幹雄
25 石槍革命・八風山遺跡群　須藤隆司
26 大和葛城の大古墳群・馬見古墳群　河上邦彦
27 南九州に栄えた縄文文化・上野原遺跡　新東晃一
28 泉北丘陵に広がる須恵器窯・陶邑遺跡群　中村浩
29 東北古墳研究の原点・会津大塚山古墳　辻秀人
30 赤城山麓の三万年前のムラ・下触牛伏遺跡　小菅将夫
別01 黒耀石の原産地を探る・鷹山遺跡群　黒耀石体験ミュージアム

第Ⅱ期（全20冊完結・セット函入30000円＋税）

31 日本考古学の原点・大森貝塚　加藤緑
32 斑鳩に眠る二人の貴公子・藤ノ木古墳　前園実知雄
33 聖なる水の祀りと古代王権・天白磐座遺跡　辰巳和弘
34 吉備の弥生大首長墓・楯築弥生墳丘墓　福本明
35 最初の巨大古墳・箸墓古墳　清水眞一
36 中国山地の縄文文化・帝釈峡遺跡群　河瀬正利
37 縄文文化の起源をさぐる・小瀬ヶ沢・室谷洞窟　小熊博史
38 世界航路へ誘う港市・長崎・平戸　川口洋平
39 武田軍団を支えた甲州金・湯之奥金山　谷口一夫
40 中世瀬戸内の港町・草戸千軒町遺跡　鈴木康之
41 松島湾の縄文カレンダー・里浜貝塚　会田容弘
42 地域考古学の原点・月の輪古墳　近藤義郎・中村常定
43 天下統一の城・大坂城　中村博司
44 東山道の峠の祭祀・神坂峠遺跡　市澤英利
45 霞ヶ浦の縄文景観・陸平貝塚　中村哲也
46 律令体制を支えた地方官衙・弥勒寺遺跡群　田中弘志
47 戦争遺跡の発掘・陸軍前橋飛行場　菊池実
48 最古の農村・板付遺跡　山崎純男
49 ヤマトの王墓・桜井茶臼山古墳・メスリ山古墳　千賀久
50 「弥生時代」の発見・弥生町遺跡　石川日出志

第Ⅲ期（全25冊　好評刊行中）

51 邪馬台国の候補地・纒向遺跡　石野博信
52 鎮護国家の大伽藍・武蔵国分寺　福田信夫
53 古代出雲の原像をさぐる・加茂岩倉遺跡　田中義昭
54 縄文人を描いた土器・和台遺跡　新井達哉
55 古墳時代のシンボル・仁徳陵古墳　一瀬和夫
56 大友宗麟の戦国都市・豊後府内　玉永光洋・坂本嘉弘
57 東京下町に眠る戦国の城・葛西城　谷口榮
58 伊勢神宮に仕える皇女・斎宮跡　駒田利治
59 武蔵野に残る旧石器人の足跡・砂川遺跡　野口淳
60 南国土佐から問う弥生時代像・田村遺跡　出原恵三
61 中世日本最大の貿易都市・博多遺跡群　大庭康時
62 縄文の漆の里・下宅部遺跡　千葉敏朗
63 東国大豪族の威勢・大室古墳群(群馬)　前原豊
64 新しい旧石器研究の出発点・野川遺跡　小田静夫
65 旧石器人の遊動と植民・恩原遺跡群　稲田孝司
66 古代東北統治の拠点・多賀城　進藤秋輝
67 藤原仲麻呂がつくった壮麗な国庁・近江国府　平井美典
68 列島始原の人類に迫る熊本の石器・沈目遺跡　木﨑康弘
69 奈良時代からつづく信濃の村・吉田川西遺跡　原明芳
70 縄紋文化のはじまり・上黒岩岩陰遺跡　小林謙一
別02 ビジュアル版 旧石器時代ガイドブック　堤 隆